結果を出すための【思考と技術】

PDCAプロフェッショナル

稲田将人 = 著

東洋経済

はじめに

「私は、どこの会社でも経営できます。それは私がPDCA(ピーディーシーエー)を廻せるからです」

かつて「小泉純一郎のシティフォーラム」と題して2002年に開催されたタウンミーティングにおける、トヨタ自動車の奥田碩会長(当時)の最初の言葉です。

小泉政権の時代に、昭和女子大学の人見記念講堂でトップ企業の経営者を集めたパネルディスカッションが開催されました。平沼赳夫(経済産業大臣)、カルロス・ゴーン(日産自動車CEO)、御手洗冨士夫(キヤノン社長)と共に壇上に登った奥田会長による、パネルディスカッションの口火を切ったコメントです(いずれも肩書は当時)。トヨタ自動車は現在、年商も26兆円を超え、2015年5月には日本企業としてはじめて2兆円を超える純利益を出したと発表がなされました。時価総額は日本企業では1位であり、まぎれもなく日本経済をけん引する最も強力な企業です。この最強の実践力をもつともいえる企業のトップが最初にあげた自身の強みが「PDCAを廻す力」でした。しかしながら、なぜ「PDCAを廻すことができれば、どこの会社でも経営できる」とまで言えるのでしょうか。

PDCAについては、新入社員研修の際に教える企業も多く、ほとんどのビジネスマンがこの言葉を知っています。

「企画(Plan)を行ない、実行し(Do)、その結果を検証して(Check)、やり方や考え方を修正し、やり方を進化させる(Action)」という事業運営に必須の一連の動作の頭文字をとったものがPDCAで、これを繰り返し継続的に行なうことを「PDCAを廻す」と表現します。

「PDCAって言葉は研修で教えられたけど、それっきり」、あるいは「今さらPDCAなんて……、基本中の基本のビジネススキルだろうに」と思われる

方も多いでしょう。

　ところが、誰もがわかった気になり、身近な言葉としても馴染んでおり、そして経営における最も重要、かつ基本的な考え方であるにもかかわらず、ビジネスシーンでこれほどまでに、単なる掛け声程度にしか使われていない言葉もありません。

　実際に世の中の企業の実態を見ても、市場の変化にもかかわらず、着実に発展を成し遂げている一部の優良企業以外は、組織としてこの「PDCAを廻す」ことを、まともに実践できていないのが現実です。

　「PDCAを廻そう」という掛け声が飛び交っていても、その意味合いを踏まえた的確な指示や指導もなく、結果として基本動作がなされないままに放置され、また、そもそもPDCAより以前に提唱されていたプラン・ドゥ・シー(Plan-Do-See)との違いさえ、多くの人が説明できません。

　PDCAは、プラン・ドゥ・シーという「仮説と検証」のサイクルにさらに、その業務やプロジェクトの進め方、方法論、考え方そのもの、そしてPDCAの精度やスピードの向上を含めたビジネスプロセスを、改善、進化させるActionのステップを加えて、企画(P)のレベルを上げるだけではなく、さまざまな側面から事業運営の行ない方自体も進化させようという考え方です。

　このPDCAのAを繰り返すことの意義は、自社の方法論を磨き上げ、現実的にイノベーションレベルの進化も起こさせることです。このことを理解し、着実に企業力強化のノウハウを正しく積み上げている企業のみが、持続的に収益体質も向上させながら、事業を発展させ続けています。

　それゆえにPDCAサイクルは、マネジメントサイクルとも呼ばれます。奥田碩元会長の言葉の通り、PDCAの意味合いを正しく理解した上で、PDCAを企業内で精度高く廻すことのできる「腕」は、どこの会社でも経営できることを意味し、これはプロフェッショナル経営者と呼ばれるレベルの方々、そしてそれを目指す方々にとっての必須の能力です。

　個人が、自身の能力を高める上で体得すべきPDCAを廻す技術。そして、社長を含む、事業や組織を束ねるマネジャーによる、さまざまなレベルやスパン(サイクルを一回転させる期間あるいは、傘下の組織の大きさ)のPDCAを廻さ

せる技術が、企業の実践力のレベルの差を生み出す源泉になっています。

　「企業の発展に必要なのは、戦略と実践力である」
　ほとんどの方がこの言葉には異論はないと思います。たしかに、この2つがそろって噛み合えば、企業が最も強力になるであろうことは誰でもイメージできます。
　ただし、ここで頭に置いておくべきポイントは、どんなに素晴らしい戦略があっても企業側に、その場、その時に的確な判断を行ない、方向性や施策を調整できる能力、すなわち実践力がなければ、戦略自体は何も価値を生み出さないということです。
　トヨタ自動車は、自動車業界において、コスト、デリバリー（企画から生産開始まで、あるいは製造のためのリードタイム）、品質という製造業としての競争力の源泉となる三大要素を、永続的に高めていくことのできる仕組みと文化をもつ、実践力追求型の企業です。
　このトヨタ自動車の実践力に対して、対極的な志向性をもつ組織が、戦略立案の能力に優れる経営コンサルティングファームであり、かつて私も所属していたマッキンゼー・アンド・カンパニーといえます。
　欧米企業においては、「事業価値の向上」を求める株主の声は日本よりもはるかに強く、キャリアを積んだプロフェッショナル経営者、あるいは、社内で若い頃から腕を磨き、選抜を勝ち抜いた生え抜きの方が、株主の代表たる取締役会の意思によって執行責任者に指名される仕組みになっています。取締役会から指名された最高執行責任者（CEO）たる社長が、事業の建て直しや事業価値を上げるための精度の高い戦略プランを短期間で手にするために、マッキンゼーのようなコンサルティングファームを使います。そしてそのプランを手にして、経営者はリーダーシップを発揮し、自らPDCAを廻して采配を振るい、株主価値を含む事業価値を高めるための企業改革を推進します。

　トヨタとマッキンゼー。
　実践力と戦略立案力、一見、2つのまったく異なる志向性をもつ組織です。

自社が進むべき道をしっかりと描き、組織としての実行力や判断力などの「実践力」を、着実に高める挑戦を続ける企業文化とシステムをもつトヨタ自動車。

　かたや客観的な視点から事業分析を行ない、アウトプットのクォリティには徹底してこだわり、企業に対して精度の高い戦略プランを提供するマッキンゼー。

　これら2つの企業はその企業文化として、双方劣らぬストイックさをもち、実は、問題解決に際して同じようなアプローチをとっています。

　「現状の課題、問題点について、適切な『見える化』『目で見る管理』をするための工夫に知恵を使い、その差異、異常値の理由を『5回のなぜ』で追求し、対策を行なう」（トヨタ）

　「フレームワークを使った分析を駆使し、ファクト（事実）ベースで事の因果を明確にして問題解決を行ない、経営トップ向けのレコメンデーション（提案）を提示する」（マッキンゼー）

　表現の仕方と目線は違えども本質的には、ほぼ同じアプローチで問題発見と問題解決に取り組み、多くの方法論を展開します。かたや、主要な実務の精度向上を目的とした、現場での展開がしやすい問題発見の考え方や実践手法のレベルを常に向上させ、それらを全社で使いこなすトヨタ。そして、かたや、放置されていた経営レベルの課題を明確にして、解決策をつくり上げるためのツールや方法論、そしてファームの能力の開発に励んでいるマッキンゼー。

　生業（なりわい）は違えども、事業会社としての実践力、そしてプロフェッショナルファームとしての問題解決能力の追求のために、それぞれがPDCAを高度に廻して、自らの方法論を進化させ続ける文化をもつ2社といえます。

　この本では、企業や個人の実践力の要となるPDCAについて、

「本質的にどういうものなのか」
「企業戦略との関係はどうあるべきなのか」

「いかに使いこなすべきものなのか」
「PDCAが廻らない企業はどうなってしまうのか」
「個人、マネジャー、そして組織が、PDCAを廻す力を体得するために具体的にどうしたらいいのか」

を明らかにしていきます。

PDCAという言葉が日本で広がってからすでに何十年も経過し、今ではさまざまな方々がPDCAについての自説を述べられます。

かつてデミング賞の獲得を目指していたトヨタのグループ企業における、その真っ只中での体験やマッキンゼー時代に多くの企業の実態を見てきた経験。そして企業改革の現場で戦略立案や改革推進の指示と指導を行ない、PDCAを起動し、廻すたびに、そのレベルを向上させる場。こうした実際の経験をもとに、PDCAの本質的な意味合いと実践的な方法論をまとめたのが本書です。

また、最終章である第6章には実際に組織としてPDCAを廻す事例をあげました。ルーチン系（定型）の業務であるのに、多くの企業でその業務内容の定義が的確になされず、放置されがちな営業体制の週次のPDCA。そして経営の数字に大きなインパクトを与えるにもかかわらず、事実の適切な「見える化」が行なわれていないなど、業務の定義が不十分な場合が多い商品部門の、売上げと収益を最大化させるためのPDCAの実例を記載してあります。2つの事例とも組織としてPDCAを廻すための基本的な考え方と具体的な方法を示してありますので、実践に即したイメージを知りたいときは、この最終章をご覧いただければと思います。

2016年1月

稲田将人

PDCA Contents

はじめに 3

第1章 PDCAは企業の「実践力」を高める ‥15

1 実践力──長期にわたり成長し続ける秘訣 ……………………16
優れた戦略さえあれば、V字回復、あるいは成長ができるのか 17
「実践力」の本質は経験から得た成功則の積み重ね 20
個人のみならず組織の「実践力」を向上させるPDCA 22

2 PDCAを廻すと得られるものとは ………………………………24
プラン・ドゥ・シーとの違い 24
　閑話休題1　かつての日産自動車とトヨタ自動車の違い
　　　　　　──方法論の進化（A）によるノウハウ蓄積の重要性 28
的確な仮説を導き出すために必要な「先読み力」を向上させる 31
創業者の「動物的な勘」の正体 32
　閑話休題2　「ふぐが食える」のは先達の命をかけたPDCAのお陰
　　　　　　──人類の進歩や発展を実現してきたもの 33
失敗のリスクと引き換えに、「自信」と経験則が身につく 34
　閑話休題3　「要領のよさ」より、ひたむきな「鈍重さ」
　　　　　　──社長になった人たちの20代の評価 36
能力、自信、人望を獲得する 37
　閑話休題4　ももクロがロックバンドKISSに臆することがなかった理由
　　　　　　──普通の女の子たちが懸命に努力して勝ち得た「自信」 39
企画→実行→経験則→「自信」→企画…、PDCAによる好循環 40
　閑話休題5　誰でも経験のある「男の子が女の子と付き合う」とき
　　　　　　──さて、はじめの一歩をどう踏み出すか 42

3 果敢なPDCAが廻ってない企業では何が起きるのか …………45
もの真似や「横並び」感覚が静かにはびこる 45
経営側が社内の実態を把握できない 46
経営者の「自信」のなさは社内に「保身文化」を生む 48

閑話休題6　格言とPDCA──成功の法則、偉人・賢人の言葉を読み解く　49
PDCAを廻すための必須要素：パッション（情熱）　50
Passion for Excellence（企業の優良さへの情熱）　51
閑話休題7　海外展開さえままならない一部の日本企業の惨状
　　　　　──「自信」のなさや保身感情が蔓延する　52

4　経営の意思としてPDCAを"組織の文化"にする　54

事業戦略、経営戦略、そして中長期計画は大きなP　55
事業の繁栄は創業者が必死で廻したPDCAの成果　57
永続的な事業発展の鍵は、大きな組織、
　高度な競争期に入った事業でPDCAを廻せるかどうか　58
Cが機能しない組織は「思いつき」を繰り返し、疲弊していく　59
閑話休題8　「運と勘」　60

第2章　優良企業の実践力　63
──成長・発展し続けるために

1　実践力があってはじめて、戦略は機能する　64

「戦略はないが、実践力に秀でた会社」あなたはどう評価する？　64
戦略は成長シナリオの初期仮説　66
実践力は、戦略を調整・改善し、進化させる　67
戦略・改革が画期的であればあるほど、高いレベルのPDCAが求められる　69
社長自らPDCAを廻すか、組織がPDCAを廻す体制をつくるか　70
リーダーシップの発揮には、理にかなった報告の作法が不可欠　70

2　徹底してPDCAを廻す日米の代表的な2大企業　73

トヨタ自動車──現場の知恵を組織の知恵に転換　73
閑話休題9　トヨタとVWの合弁事業の話　79
ウォルマート──PDCAの精度とスピードを上げ、店舗の商品構成を最適化　81
実践派の2大企業の共通点──人を大切にする　87
閑話休題10　企画（P）段階におけるPDCA、いわゆる「仮説思考」　89

3　市場起点で考える
──ビジネスの本質は「変化対応」　90

優れた企業は、市場起点でPDCAが廻る体制をつくる　90
日本企業不振の真因──グローバル市場を起点としたPDCAが不在　91

第3章　なぜあなたの会社のPDCAは廻らないのか？ ‥93

1　PDCAを阻む最大の要素「人、性善なれど、性怠惰なり」 ‥94

なぜ、成長期後半に組織の業務精度が低下するのか　95
「成功した創業者」も犯す過ち──市場との乖離が起きた理由に気づかない　98
経営陣の「思いつき」が連打される低迷期　99

2　PDCAの出発点であるPの立案精度が低い ‥101

PなくしてCならず　102
人手とお金の消耗戦──「思いつき」連発の成れの果て　104
成功や失敗の因果がつながらない　105
"ソリューションスペース"の定義を誤る　108
閑話休題11　眼鏡の小売市場が大幅に縮小した理由　110
現場主義の欠如──「空のバケツ」が並んだ企画書　112

3　最も重要な「PDCAの実践設計」の軽視 ‥115

コンサルティング会社の立案する戦略が役立たないとされてしまう理由　115
戦略実践のプロセスがつくり込まれていないから、組織は動かない　117
上司の指示をそのまま行なう「実行力」と、
　状況に応じて自律的に舵とりを行なえる「実践力」の違い　119

4　創業者のワンマン型の事業運営から脱却できない ‥120

市場よりトップが好む判断にしたがう「ロボット化」した組織　121
創業者と後継者の摩擦を避ける工夫が必要　122
PDCAが廻る体制づくりに成功したか否かが、永続的な発展のカギ　123
閑話休題12　PDCAが機能していない企業で事業承継があったとき　125
創業者の降板──「押さえ」のない組織は「思惑の巣窟」となる　127
トップ側近に「思惑」が蔓延している状態は、特に危険　129

「読み間違い」を認めず、「失敗の原因を他人のせいにする」人　132

5　改革の成果が出るまでに１年以上を必要とする場合 …………… 134

１年で結果が出せるか否かは、事業の特性に依存する　135
順調に進んでいるのに、改革が中止になるケースも　136
閑話休題13　戦略的（Strategic）判断っていったい何？（・・；）　137

第4章 PDCAを廻すために必要なこと …… 141
──個人、マネジャー、そして経営層にとっての技術

1　個人が的確にPDCAを廻すための技術と姿勢 …………… 142

①言語化と三現主義　142
閑話休題14　書物、座学と、PDCAを通した実践により得られる知恵の違い　145
②「見える化」　147
表現する能力・書く能力は課題構造を明らかにする思考の訓練　147
見える化が徹底されると改めて分析する必要がなくなる　148
③「逃げない姿勢」　148

2　組織としての「PDCAを廻させる」仕組みづくり …………… 150

エンジンの設計──PDCAの廻し方を設計する　151
ドライバーはPDCAの責任者　159
「権限移譲」とはドライバー業務を移管すること　161
慎重に仕組んで、迅速に立ち上げる「起動」　163

3　マネジメントの役割 …………… 164

「お天道様は見ています」状態をつくる　164
自慢させる　165
リーダーシップ──分業が進んでも、最後までトップに残される役割　166

第5章 P・D・C・A、それぞれの作法 ... 169

1　PDCAのP ── 最も重要なプランニングの作法 ... 170

Pの基本作法　170
「ソリューションスペースの定義」がなぜ重要なのか　178
ソリューションスペースのつくり方── MECEとロジックツリー　182
MECEに考えることで、「抜け」や「落ち」が見える　182

閑話休題15　「思いつき」は、作法にのっとった
　　　　　　Pにまとめないと PDCA は廻らない　185

**2　PDCAのD
──精度の高い実施があってはじめてCが可能になる** ... 186

意図（P）通りの実施を徹底する── Why（理由）の共有　186
現場社員の士気を高めることは必須条件　187

**3　PDCAのC
──謙虚に、そして客観的に結果の検証を行なう** ... 188

検証（C）を推進する基本── Why「なぜ？」の徹底　188
PDCAが廻っているかぎりは、失敗は叱責の対象ではない　190
失敗隠ぺいのPDCAが廻ってしまうと、組織の「学び」は消える　192

**4　PDCAのA
──方法論を磨き、ビジネスプロセスを進化させる** ... 193

Aの積み重ねが、今のトヨタの強みを生んだ　193

閑話休題16　東芝の問題に見る、本質的ではないKPI志向の弊害　195

会議の運営を整流するだけでパフォーマンスは大きく変わる　196

閑話休題17　真因は「人」ではなく「やり方」にあるという前提に立つ　197

第6章 PDCAの事例 199

事例1 営業マネジャーの週次活動のPDCA 200

 手順1 業務の明確化──何を目的にPDCAを廻すかを明確にする 200

 手順2 週次の会議体を設計──検証（C）して次週の実行プラン承認 205

 手順3 発表用帳票の設計──検証（C）から、次の修正を施した
     企画（P）を導いた理由が一目でわかるように 209

 手順4 手順1～3を見直す──方法論の精度を高める改善で進化 209

事例2 売上げ、収益を最大にする商品部のPDCA 212

 コモディティとファッションの違いは 212

 先端的商品とフォロー型商品 214

 手順1 業務の定義、そして業務設計 215

 手順2 会議体のつくり込み 233

 手順3 発表用の資料、帳票の設計 236

 手順4 方法論の進化 236

  閑話休題18 ヒトが生まれながらにしてもつ学習能力の源泉
       ──好奇心、言語能力、PDCA 238

おわりに 240

第 1 章

PDCAは企業の「実践力」を高める

1 実践力──長期にわたり成長し続ける秘訣

　人口減少、少子高齢化を背景に、まだ先行きに不透明感のある日本経済において元気のある企業を見ると、次の3つのタイプに分類されることがわかります。

①楽天、サイバーエージェントなどに代表されるIT業界のように、現在、形成されつつある市場や業界で、事業を伸ばしてきている企業
②ファーストリテイリングの柳井正氏、日本電産の永守重信氏などの突出した手腕をもつ経営者が、自身が培った「自信」をもとにワンマン体制で引っ張っている企業
③トヨタ自動車、花王など、さまざまな外部要因の変化の中にあっても、着実に長期的な事業の発展を実現している優良企業

　①の成長市場で事業を展開している企業は、その市場が成長を続けているかぎりは、追い風の中、順風満帆な事業展開を行なうことができます。
　②についても、その優秀な経営者が元気で、正しい判断を続けているかぎりは安心でしょう。
　しかしながら市場が永遠に伸び続けることなどあり得ず、また、いくら再生医療が進歩したとはいえ、今時点ではまだ、優秀な経営者も永遠に生き続けることはできません。
　市場の成長という追い風に助けられて発展してきた企業は、経営者が入念な準備を行なっていなければ、その風がやめば一挙に失速してしまうのが世の常です。これは自分たち自身で進路を見出して舟をこぎ続ける能力や技術、腕力が鍛えられていないからです。
　また、カリスマ経営者が引っ張っている企業は、良くも悪くも、その経営者自身が事業運営をしやすい体制、心地よい体制をつくり上げます。カリスマ

以後を見据えた経営体制を、そのカリスマ自身の意思でうまくつくることができた企業は極めて少なく、多くの場合、カリスマがいなくなったあとには、早晩さまざまな「思惑」が蔓延し、俗に言われるポリティクス、つまり、経済合理性にはそぐわない社内政治のまかり通る状態が起きます。おそらく、ずっとトップでやってきた偉大なる経営者であっても、「絶対的な存在である個人によるガバナンス」から、自分がいなくなったあとの「体制によるマネジメント」に置き換える意義や具体的な準備の進め方を、うまくイメージできないのでしょう。

また仮に、長生きで頑張っていたとしても、歴史に伝えられている晩年の豊臣秀吉のように、無謀にも見える海外出兵など、老いてその判断に疑問を感じるような状態になってしまう場合も多く見受けられます。

結局、長期的に企業の安定成長を実現できているのは、③の企業群になります。そして、これらの企業が卓越しているのは、社内で精度の高いPDCAをよどみなく廻すことのできる組織の力なのです。

優れた戦略さえあれば、V字回復、あるいは成長ができるのか

低迷状態に悩む企業のトップが戦略コンサルタントに相談をするときには、その多くは「現況を打破するための戦略が欲しい」という話になります。また、危機感が顕在化していない企業からは「次の成長の基軸をつくっていくため、中長期計画をしっかりと策定したい」という言い方で相談がくることもあります。

戦略、中長期計画と表現は違っていても、どちらも今の状態から未来に向けて、新しい成長軌道に入っていくために、自社はどのような道筋を歩めばいいのかを明らかにしたいという話に違いはありません。

そもそも戦略とは、自社が攻めるべき市場や、そこでの競合状況を明確にして、自社の強みを活かし、いかに市場のシェアを自社のものとし、収益性高く発展性のあるビジネスをつくるかというプランであり、その際の経営の方向性、道筋を明確にしたシナリオです。

市場における圧倒的な優位性を備えたドンキホーテの戦略とその実践

　例えば外国人観光客も含めて国内外の顧客に支持され、1989年の1号店開店以来、店舗数を安定的に増やし、売上7000億円規模となっている「激安の殿堂」ドンキホーテはこれまで持続的な成長を実現してきました。
　その理由を考えてみると、次のようになります。

①単なる激安の店ではなく、同じ店の中にトイレットペーパーからルイ・ヴィトンまで売っている、その実は「宝探し」の店であり、そこで商品部門別に収益を徹底追及する戦略をとり、市場において唯一無二の業態となっており、実質的な競合がいない
②強みの源泉がわかりにくいことがうまい具合に参入障壁となり、独自で業態を磨き上げ続け、すでに他社がもの真似をしても、簡単には手に届かないレベルに至っている
③競合が不在ゆえに、日本国の地図上にマッピングすると、店舗数を増やすことのできる余地が明確であり、おそらくまだ既存店舗と同数程度は出店が可能
④そもそも権限移譲型のオペレーションが構築されており、人を育てながらの事業・店舗展開であるため、能力を上回る出店スピードは出さずに、堅実な事業展開を行なっている
⑤そして店舗で働いている従業員を見ると、アジアを中心とした外国人を増やしており、明らかに海外市場への展開も視野に入った準備も進んでいる

　つまり、現在のドンキホーテは、見事な競合優位性を有しており、そしてまだその成長段階の中間地点にあります。さらにオンリーワン業態の強みをもって世界規模までの発展を想定すれば、今後も大いに事業を伸ばしていける余地が見込める企業なのです。
　しかしながらドンキホーテのように、上手に参入障壁を築き、独特の事業戦略を展開できている企業は、世の中にそう多いわけではありません。世のほとんどの企業は、オンリーワンの強さを築けず、競合との戦いにさらされ、

図表1-1 　戦略＋実践力

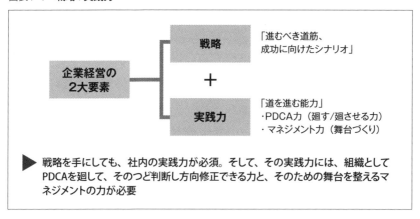

その上、オペレーションレベルや方法論の精度を向上させて自社の競争力を高めることもしないままに、不振状態や低迷状態に陥ってしまうことが多いのです。

戦略は実践力のある企業にのみ有効

そもそも、不振状態や低迷状態にある企業が、戦略というシナリオだけを手にすることができれば、本当に再び成長軌道に入っていけるのでしょうか。

この低迷期のタイミングでとるべき戦略を策定してみると、多くの場合、今までやったことのない切り口の市場、あるいは新しい方法論に挑戦することになります。

これはつまり、これまでには経験のない道を歩もうという話であり、当然、その先には予期せぬ壁や、意外な落とし穴など「想定外」のことが待ち構えています。また、もしそれが他社から見てもわかりやすい戦略であれば簡単に真似をされ、新たな二の手、三の手が必要になることもあります。戦略の遂行段階においては、言い訳を述べている暇などありません。素早く「想定外」が発生した原因を明確にし、解決策や修正案を考えて対応し、一刻も早く事態を挽回し、成功に向かって道を走り続けなければなりません。

ここでは何よりもそれを続けることのできる「実践力」と、「成功に向けて

舵取りをしながら、やりきることができる」という「自信」が必須となります。

どんなにお金をかけて洗練された戦略を構築しても、それが実践されなければ、その戦略にはなんの価値もありません。

戦略を理解し、腹に落とした上で、次々と起こる予期していなかった出来事を克服し、成功に向かって力強く、さまざまな修正を素早く柔軟に行ないながら走り続けることのできる能力、つまり企業の「実践力」が求められます。

戦略は、実践力のある企業にのみ有効です。

新たな成長を実現させる、あるいは挑戦を成功に導くためには、成功のためのシナリオである戦略と、それを実現するための実践力の両輪が必要になります（図表1-1）。

「実践力」の本質は経験から得た成功則の積み重ね

よく実践力という言葉を単純な行動力、突進力と同じように使う方にお目にかかることがあります。

「うちの会社の連中は、頭は使わないけど実行力があるんですよ」

時折、経営層の方が謙遜交じりに使う表現なのですが、現実にはよっぽどの成長市場か、無風状態の市場でもなければ、現場が頭を使わずにすむビジネスなどはあり得ません。現場での対応力、すなわちその場で考え、適切に対応していく力があるならば、優秀な指揮官、リーダー格の人材がいたりして、知恵を働かせて業務を推進しています。本来、日本企業の強さは、この現場力です。

「あいつはブルドーザのような強引な実行力をもっているんだ」

このように言われる方が企業の中にいる場合もあります。こういうタイプの方は「売上げをつくれ」「物流センター用地を買収せよ」というような指示を表面上は次々と完遂していくため、特に創業者タイプのワンマントップから重宝されがちです。しかしながら、その方の仕事の結果を見てみると、与えられた売上目標は達成していても、実はプロジェクトの収支が大きな赤字になっていたり、相場よりも高い金額での土地の買い上げをしたりと、経営全体の視

点では大きくバランスを欠いていることが、ままあります。

　実際、世の中には、販社へ製品を押し込み、とりあえず当面の売上げをつくったり、今、単に切りやすい経費をカットしたり、人員を削減して単年度の収益の帳尻合わせのみを行なって涼しい顔をしている事業責任者は、数えきれないほどいます。

　この人たちにとっては、自分の評価や報酬に直接的につながるKPI（Key Performance Indicator: 評価指標）以外はどうでもいいことであり、最悪の場合は、収益だけではなく、組織やシステムさえも破壊して、結局、あとには瓦礫しか残っていないというような状況さえもつくり上げてしまいます。

　こういう方々は、言うなれば、ブルドーザと呼ばれているのにもかかわらず、瓦礫の整理さえもしてはいないことになります。

優秀な人は経験を自ら法則化できる

　さて、ここで少し考えてみましょう。

　仕事のできる方、あるいは修羅場を自力で乗りきってきた方は、少々の困難の場でも的確な判断を行なえる能力を体得しています。どこの職場でも、判断に困る場合は上長に相談するのが基本動作です。そしてもし、直属の上長が頼りない場合は、仕事ができて頼れる先輩にアドバイスを求めに行きます。そして、その方が優秀な方であれば、必ずしも同じ課題に直面した経験があるわけでもないのに、適切な解や方向性を提示してくれるものです。

　ではなぜ、その方は的確なアドバイスができるのでしょうか。

　仕事ができ、事業を引っ張ることができる方は、学校で習ったり、本を読んだ知識が豊富な人ではなく、「**精度と汎用性の高い経験則**」をもった人です。そして、**企業の中で特に重宝される方は、その中でも通常の人が持ち得ていない知恵を体得しており、多くの人には難易度の高い問題についても、誰よりも的確な判断ができる方**です。

　この方はどうやって、この能力を体得したのかを考えてみます。

　人は実践を通して体験したことから、経験則を得ます。つまり自身の経験

から学んだことを自ら法則化することによって、より高次のレベル、いわゆる「メタ知識（知識に関する知識）」として経験則を積み上げていきます。座学や書籍で得られる知識が最も有効になるのは、自分の体験を「メタ知識」化するときです。

「仕事ができる」とは、単にIQが高い、地頭がよいということではない

仕事ができるとされている方々は、単に高学歴であるとか、IQが高いという人ではありません。未開拓な分野の仕事や、みなが避けたがるような修羅場ともいえる状態に、他の誰よりも数多く直面した経験、あるいは挑戦した経験をもっています。そしてその現実の修羅場で知恵をしぼり、対処をし、みなが認める結果を残し、難易度の高い着地を成功させてきた方です。

この方々は持ち前の地頭のよさだけではなく、さまざまな読み違いに対しても、その場の的確な判断で対処をすることによって、成功の道を開くための経験則を自分のものにしてきました。ビジネスにおける学習とは、自らの経験を、汎用性をもたせて精度高く法則化することなのです。

個人のみならず組織の「実践力」を向上させるPDCA

仕事のできる方、つまり企画力と実践力のある方は、事に際しては「よく考えて企画を組み立て（Plan）、しっかりと実行し（Do）、結果を検証して（Check）、自分のやり方や考え方を修正し、進化させる（Action）」というPDCAの基本動作をまっとうに繰り返すことで正しく経験を積み、力をつけてきた方です。

エンジニアリングのアプローチに由来

もともとPDCAは、製造工程の不具合、品質改善に取り組んでいた米国のウォルター・シューハート博士が提唱したシューハート・サイクルの考え方がベースになっています。その考え方を、シューハート博士と共に統計的品質管理を研究していたエドワード・デミング博士が日本に持ち込み、日本では紹介

図表1-2　PDCAサイクル

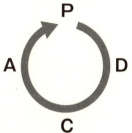

Plan
「よく考えて企画を行なう」
・正しいPの作法にのっとることで、Cが可能になる
・PDCAを廻させる側は、目標を押しつけるのではなく、よく考えられた挑戦的なPを求め、立案の指導を行なうべき

Action
「やり方、方法論を見直し、進化させる」
・発表用資料、報告の仕方などを見直す
・特にPDCAを廻し始めた初期の段階は、入念にやり方を見直す
・業務の進め方、そのものの見直し、新技術などへの挑戦も果敢に行なう

Do
「精度高く実行する」
・精度高くやりきらないと、Cができなくなる
・現場との連携体制、信頼関係がないと、実行精度は落ちる

Check
「結果を検証する」
・成功／失敗の因果を明確にするため、Pのどこに読み違いがあったのかを明確にする
・失敗は叱責の対象にはならない。ただし、理に適った説明がなされ、得られた「学習」と修正の方向性が明確になるまでは、Cは終わらない

者の名前をとってデミング・サイクルと呼ばれるようになりました。そして、1980年代にデミング賞獲得を目指して日本の多くの製造業で行なわれていたTQC（Total Quality Control）と呼ばれる全社的（経営）品質管理活動の中で、実際の経営改善、改革の推進のために、より使いやすいかたちで表現されたものがPDCAサイクルです（図表1-2）。

「願わくば我に七難八苦を与えたまえ」は成長を加速させる言葉

このように、もともとは製造業におけるエンジニアリングのアプローチから生まれたPDCAの来歴からも、PDCAを的確に廻す方法論は、個人のみならず、組織において正しく経験知を重ね、その実践力を高めるためのものになります。

そしてさらに、組織にPDCAを廻させることのできる能力を習得することにより、プロフェッショナルレベルのマネジメントを行なう者、すなわち経営者として、企業を優良企業にして発展を続ける道に入れることのできる実力を蓄えることになります。

　こうして考えると、かつて安土桃山時代「山陰の尼子十勇士」のひとり、山中鹿之助が「願わくば、我に七難八苦を与えたまえ」と言ったと伝えられるのも、極めて理に適っている話です。

2 PDCAを廻すと得られるものとは

　「PDCAを廻す」ということを「学習」と「進化」という側面でとらえると、以下のように要約することもできます。

・これまでの結果の検証（C）を行ない、次回の企画（P）に反映するべき「学び」のポイントを明確にする
・そして企画（P）と、さらに業務のやり方を見直し、改善・進化（A）させる

プラン・ドゥ・シーとの違い

　一般的に、掛け声レベルで用いられるときのPDCAはプラン・ドゥ・シー（Plan-Do-See）、つまり「仮説と検証」のサイクルを意味していることが多いようです。

　プラン・ドゥ・シー自体も「企画（Plan）して、実行（Do）し、その結果を検証（See）する」わけですから、これを精度高く続けるだけでも、企画（P）のレベルは、プラン・ドゥ・シーのサイクルを廻すつどに向上します。

　PDCAのCは、プラン・ドゥ・シーのシー（See）と同様に、結果の検証（Check）を意味します。ちなみに米国ではPDCAのC（Check）をS（Study）に置き換えて、PDSAという表現が使われることもあります。

図表1-3　PDCAのCとA

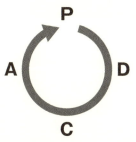

Actionは、やりかた、方法論を「進化、改善」させることを意味する。帳票や会議の行ない方など、PDCAの廻し方や、業務フローそのものの改善を行ない、リードタイム、品質、コストを改善することも含まれる

Checkは、結果を分析、検証して、次回のPの精度を高めるための「学び」の内容を明確にすること。米国ではCheckではなく、Studyという言葉を用いることもある

▶ CheckとActionの意味合いは、「学習」と「進化・改善」

　実行（D）のあとに、「うまくいった」「うまくいかなかった」だけで終わらすことなく、検証（C）、あるいはシー（See）を的確に行なうことができれば、成功や失敗の因果が明確になり、そして業務への理解はさらに深まるので、そのたびに次の企画（P）の精度は上がっていきます。

　概念としてとらえたときのPDCAのはじめの3つの部分、PDCまでは、プラン・ドゥ・シーと同じです。ただ、日本でPDCAが唱えられる契機となったTQCが普及した80年代には、PDCAの作法も実践を通してさらに開発が進んだため、プラン・ドゥ・シーが唱えられていたときよりも、具体的な方法論として磨き上げられていきました。特にPの部分について、「現状把握」から始まるPの作法にのっとって行なわれることが一般的になり、それによってCの結果の検証も行なわれやすくなっていきました。

　そしてさらに、PDCAにはプラン・ドゥ・シーにはない、Aが追加されました。PDCAのAは、方法論、やり方、考え方そのものを、PDCAを廻すたびに、さらに「進化」させることを意味します（図表1-3）。

　これは企業においては、仕事の仕方、すなわちビジネスプロセスを進化させることであり、そして個人であれば、自身の前述のメタ知識を増やしていく

ことにあたります。

　Aは一般的に「改善」という言葉で表現されますが、そこで「改善ではダメだ、改革だ」という不毛な言葉遊びに進むことがあります。

　「飛行機の技術をいくら改善しても、月には行けない」

　たしかにこれは正しい意見でしょう。

　ただしそれは、今、世の中に普及している飛行機の技術を進化させなくていいという意味ではありません。現実的に自動車の世界でも、従来の内燃式エンジンに対する電気自動車や水素エンジンの潮流はすでに起きています。組織的なPDCAを廻す力が高い企業ほど、この現実的な潮流には敏感で、しっかりとしたビジョンをもって新規技術の開発にも対応できているのが現実です。

　そもそも「進化」も、その多くは突然起きるものではなく、段階的に進むのです。

　PDCAのAを「改善」と呼ぼうが、「進化」や「改革」と説明しようが、大切なのはPDCAを廻すたびに、常にビジネスプロセス、つまり事業運営のレベルが向上し続ける企業文化をつくることです。

　市場も技術も常に変化を続けます。よって、そもそもの有り様として、企業も常に市場と環境を見据えた進化（A）を続けていなければ、いずれ競争力を失い停滞状態に陥ってしまいます。現在、日本企業の多くがグローバル市場での競争で競争力を十分に発揮できていないのは、多くの市場がグローバル規模に変化しているにもかかわらず、その事実を見据えた進化（A）を怠っていることもその理由のひとつといえます。

　組織としてPDCAサイクルを廻すことにより正しく経験を積み重ねて、次の2つに取り組むことがPDCAの意義であると言えます。

・実践からわかったことについて言語化を進め、より高いレベルの経験則を得る
・方法論を、考え方、フレームワーク、法則、技術標準、手順書などにおいてステップアップさせ、ビジネスプロセスを進化（A）させる

日本の製造業から発信された「カイゼンKaizen」という言葉は、今や海外でも、製造業においては英語としても通用する言葉になりました。
　この「カイゼンKaizen」活動がしっかりと企業文化として定着している企業では「改善だ」「いや、改革でなくては」という議論そのものがなんの意味もなしません。
　現実的に世の中の優秀な企業では、他社では「改革だ」と騒いでいるレベルのことを「カイゼンKaizen」の積み重ねで、平然と行なえる力を培うことができています。これが、大きなリスクを伴わずとも着実に変化を実現させ進化につなげるPDCAのA、つまり「カイゼンKaizen」を積み重ねることの意義です。
　実際にトヨタの現実を見ると、「カイゼンKaizen」とは呼ばれていても、たとえば「原価を2分の1にできないのか」など、一般の企業であればとても「カイゼンKaizen」とは呼ばないような目標が平然と唱えられます。そして、トヨタの常識の外から見れば、改革と呼んでもいい画期的な発想、アイデアを求め、それを着実に実現することが常態化している企業グループなのです。
　かつて、日本の半導体産業が世界中を席巻していた頃、その品質管理の水準の高さは世界中の企業を凌駕していました。その当時、自動車メーカーも車で使う半導体の内製化を進めていました。その中のひとつであるトヨタグループのある企業の方がこういう話をされました。

図表1-4　P、D、C、A　それぞれを表現する言葉

P	プランニング、企画、仮説、新しい試み、活動計画、実施事項、判断、選択、意思決定、施策
D	実施、実行、行なう、きちっとやる
C	検証、総括、結果を見る、振り返り、意味合いの抽出、確認、見直し、学び、学習、因果を考え直す
A	改善、進化、改革、やり方の見直し、対策、変革

「大きな声では言えませんが、自動車づくりの品質管理技術のレベルから比べれば半導体製造の品質管理は、そんなに難しいことではありませんよ」

日米貿易不均衡が議論になり、日本の自動車産業の強さが米国から指摘されていた頃でもあり、このような傲慢にも響いてしまう発言は当時、公に語られることはありませんでした。世界で最も優れていたとされる日本の半導体産業の品質管理の技術も、「カイゼンKaizen」を積み重ねるトヨタグループのレベルから見れば難しいものではなかったという話です。これはPDCAを廻すことで製造技術の水準をどこまでも高めていく「カイゼンKaizen」活動のパワフルさを物語っているひとつのエピソードだといえます。

なお、PDCAの各ステップは、一般的には、企画（P）、実行（D）、検証（C）、改善（A）と説明されることが多いのですが、実際の実務に適用させていくと、その日本語の表現には、もう少し幅をもたせたほうが、現実の問題解決への適用はしやすくなるでしょう（図表1-4）。

閑話休題1

かつての日産自動車とトヨタ自動車の違い
──方法論の進化（A）によるノウハウ蓄積の重要性

　カルロス・ゴーン改革前の日産自動車では、よくない意味での官僚化が進んでおり、そしてさらに会社全体や事業のことを考えるよりも、自身の評価や点取りを優先させることが頻繁に起きていました。当時は銀座の一等地に本社があり、外見には華やかな企業でしたが、一方でその内情は首をかしげるようなことが多い企業でした。これはその一例となる話です。

　自動車のビジネスには、定期的にそのデザインを変更するモデルチェンジとマイナーチェンジがあります。そしてそのタイミングには、製品に新しい技術（テクノロジー）や製造に関する多くの新しい生産技術、試みが導入され、製品やつくり方のレベルを上げていきます。

　ところが、この新しい試みの導入の行なわれ方には、日産自動車とトヨタ自動車には大きな違いがありました。

トヨタ自動車の基本的な考え方は、課題や問題点を明確にして積み上げていく「学習」です。モデルチェンジ、マイナーチェンジを行なう工場において「昨年モデルチェンジがあった△△工場のシートの順序引き取りに○○の考え方を導入した。次にモデルチェンジを行なう□□工場では、それを◇◇のやり方にさらに変えて、工程間の在庫を減らし、リードタイムを短くしよう」と前回の事例の振り返り（C）を踏まえて、常に全社視点での連続性のある進化（A）が行なわれます。

　これは、航空機の新型機の設計の際も行なわれる考え方です。航空機の設計における最優先事項は安全性です。飛行機というものは、たとえ事故率が低くとも、万が一事故が起きたときの死亡率は極端に高くなります。ゆえに新しい機体を設計する際には、1度にたくさんの新技術を投入して画期的な機体を設計してしまうことはせず、積み上げ式に順番に新技術を取り入れるという方法論がとられます。

　ところが当時の日産自動車では、それぞれの工場の責任者が手柄を競い合うような状態になっていました。モデルチェンジ、マイナーチェンジのたびに「自分の工場は革新的な取り組みを行ないます」と、経営層向けにアピールし、それまでのやり方を踏襲するよりも、革新の美名のもとに、新しいアイデアを取り入れて、ごろっと変えてしまうようなことが毎回行なわれていました。

　今では、製造現場にロボットが配置されるのは当たり前ですが、どこよりも先駆けて、アーム型のロボットを大量導入して、当時マスコミなどにも多く取り上げられて有名になったのが当時の日産の座間工場でした。

　新しい技術には、実用時のPDCAの実績が少ないため、常に不測の事態発生の可能性を伴います。ロボットは俗に言う「機械もの」であり、当時はまだ先端的な技術ということもあり、今よりも高い確率で故障も発生し、そしてそれを防ぐため、そして故障発生時に対応するためのメンテナンス要員が必須でした。

　したがって現場で使われるロボットの数が大幅に増えれば、必然的にその修理やメンテナンスの件数も大幅に増えるのですが、当時、工場ではメンテナンスを行なうエンジニアの不足が起きてしまいました。

　華やかにマスコミに取り上げられた座間工場でしたが、結局、修理やメンテ

ナンスの手が間に合わず、頻繁にコンベア上のロボットが停止状態が起き、当時、工場の稼働率が60％台にまで低下したと伝えられています。

これは、企業としての、実践的な知恵の集積の意義を理解してPDCAのAを重視するトヨタ自動車と、おそらく「競わせることが進歩につながる」と信じていた日産自動車のマネジメントの考え方の違いなのでしょう。

「新しい技術を取り入れれば不安定要素のリスクを抱えることになり、製造現場の工程においては、ライン業務に支障をきたすことになる」というのは、トヨタにおいては現場の技術員にいたるまで、誰もが理解している経験則です。

当時、トヨタでも入社したての新人社員が「ロボットを大々的に導入するラインをつくるべきではないのか」と主張したこともあったでしょう。おそらくトヨタでは、その考え方が間違っていることをこんこんと説かれるか、あるいはその新人はまったく相手にされなかったのではないかと思われます。

マネジメントの意思にブレがなく「学習」を積み重ねて、成功則を常に磨き上げることが基本動作になっているトヨタ自動車では、当時の日産のように、製造業において最も重要な「ものづくり」の工程において、斬新なアイデアを「競わせる」という発想はありません。

ちなみにトヨタ自動車は当初、ロボットの導入には積極的ではありませんでした。これは「ロボットのような自動機械を組み立てラインに入れると、設定したラインタクト（生産ラインのスピード）以上の生産速度は出せなくなり、人手であれば若干のスピードアップに対応できる組み立て作業の柔軟性が失われる」というのが理由でした。当時は、機械工学にコンピュータ技術を取り入れることが一般的になってきており、メカトロニクス（Mechatronics）という言葉も生まれていました。

そして、それらを取り入れたフレキシブル（柔軟な）生産システム（FMS、Flexible Manufacturing System）という概念も流行っていましたが、皮肉なことに、トヨタの現場ではそのFMSでは柔軟な対応ができないと考えられていたわけです。

結局、トヨタ自動車が大々的にロボットを導入し始めたのは、そのだいぶあとのことで、先端技術だったロボットもいろいろな企業の製造現場で使われて実績を積み、初期の技術につきものの不具合や課題が改善され、かつ価格面で

> もだいぶこなれてきてからでした。つまり、トヨタの考え方のもとでは先端技術であったロボットにイリュージョン（幻想）のような期待を一切求めず、ハサミと同様、あくまで便利で安定した道具のひとつとして、とらえていたことになります。

的確な仮説を導き出すために必要な「先読み力」を向上させる

　仕事ができる人は、まるですべてを見通せているかのように「こうしたらいい」という意見を口にするものです。また「あの会社はすごい」と言われる企業の示す事業の方向性は「なるほど」という納得感があり、そしてその実行も着実になされます。

　PDCAを廻すことによって積み重ねていくことのできる経験則は、単に、振り返り（C）を通して得られる学習を通した、企画（P）の精度向上だけではありません。

　このPDCAを「理」をもって繰り返して廻すと、その課題やプロジェクト、あるいは事業の特性が浮かび上がってくることになり、Do's and Don'ts（やっていいこと、悪いこと）が明らかになってきます。これは当初の闇夜のような状態から、だんだんと足元に明かりが灯っていくように見通しがよくなり、「視界」がよい状態になっていくのと同じです。

　結果として、PDCAを的確に廻している当事者である人や企業には、その課題や事業については、誰よりも、そして他社よりもしっかりと見渡すことができ「次に何が起きるか」を見通せる能力と知見がついています。

　「（みなが尻込みするチャレンジを）やったことがある」そして「その経験を謙虚に、冷静に、自らが手に入れた情報から分析した」、だから「自らの体感に基づいて、『これから何が起こるか』をリアルにイメージでき、理によって説明できる」ようになるのです。

　実際に優秀なクリエイターの方々にお目にかかって気づくのが、そのクリエイティブの方向性がなぜ正しいのかを理をもって的確に説明することができる

点です。

　画期的なアイデアや発明を生み出す方もさまざまな試行や場数の中で頭を使い続けて、あるときに「視界」が広がり始めたのでしょう。「右脳を動かすためには、まず左脳に情報を徹底的にたたき込むことだ」とも言われます。

　いわゆる（その領域において）「センスがある」と呼ばれる状態はこうしてつくられ、経営やそれぞれの事業の領域における「先読み力」が磨かれます。

創業者の「動物的な勘」の正体

　「うちの会長（創業者）、我々にはようわからんのですが、本質を突いたことをズバッと言いよりまんねん。あれは動物的な勘としか呼びようがありまへんわ」

　「成功した創業者」と共に事業を伸ばしてきた番頭役の方から聞かれる言葉です。

　創業者は一般的に、実践を通じて自身の頭の中でPDCAを廻して、成功への道筋を見出していきます。自分自身の五感で直接とらえた情報をもとに、自分自身で考えた仮説（P）を、自分がイメージしている通りに実行（D）させ、その結果を自分の五感で確認（C）し、やり方を改善（A）する指示をどんどん出し、次の修正案（P）を組み立てます。創業者は常に切迫感をもって事業を廻すものであり、それらを言語化して書面化することは、二の次になりがちです。

　経営コンサルタントが戦略や事業方針立案を依頼された際に、その企業において過去に起きたことの因果を洗う「時代分析」を行なうことがあります。そこでわかるのが、「成功した創業者」は多くの失敗をし、そして明らかにそこから多くのことを学び、見事に、成功のシナリオを見出していることです。

　創業者は事業の初期の段階では、社内で絶対的なポジションをとることが多いものです。

　「つべこべ言わず、やれと言ったらやれ！」

　説明を省き、このように恫喝する方もいます。

これが続くと、その配下の組織は、創業者の得た情報や、頭の中の思考過程がわからないままに、言われた通りに実行を行なうだけの「ロボット化」が進んでしまうことが多くなります。そしてしたがう側は、創業者の意思決定を、たとえ側近の立場で見ていても、創業者の発言や行動から「どう考えているのだろうか」を推測することしかできず「動物的な勘」という印象に落ち着いてしまいがちです。

　しかしながら、創業者の判断は、別に動物のように先天的にDNAに刻み込まれた「勘」に基づいているのではなく、自身が高速で廻したチャレンジングなPDCAの賜物であり、思考の過程についての言語化を、十分には行なっていないだけなのです。たしかにPDCAが、ひとりの頭の中だけで廻っているかぎりは、結果からの意味合いの抽出や、施策の背景や理由などを、必要以上に言語化する必要はありません。しかし、事業が発展し、組織が大きくなり、かつ戦いも高度化してくると早晩、創業者ひとりだけのPDCAには限界が出てきます。

　創業者が成功すればするほど、組織にPDCAを廻させることに真剣に取り組まなければ、巨大な「ロボット化」した組織ができ上がってしまうことになります。

閑話休題2

「ふぐが食える」のは先達の命をかけたPDCAのお陰
──人類の進歩や発展を実現してきたもの

　人類が「ふぐが食える」という経験則を得るまでに、いったいどれだけの命が失われたのでしょうか。

　すでに「ふぐは食うな。食ったら死ぬ」と伝えられていたにもかかわらず、それでも「ひょっとして食えるかも……」と思って食べてみる無謀な挑戦を行なう者、あるいは「いや、食べられるよ」という話をどこかで聞いて試した者が数えきれないほどいたのだと推測できます。

　そして、「白身だけならば死ぬことはない」と言い出す者が現れ、それが本当

かどうか試してみようと、またもや、命をかけて検証した者がいたのでしょう。

　結局、世界各地で、はかり知れない人数の犠牲のあとに得られた経験知が「ふぐは、種類によって、肝（きも）や卵巣以外は食える」だったわけです。

　ところが、人類の探求心は、留まることがありませんでした。

　この人類の経験則に対して、さらなる挑戦を行なう輩（やから）が現れたのです。

　単に「ふぐが食料として食える」という経験則の上をいき「そのふぐの毒も、ごく少量ならば命には影響なく、口の中でピリリとした刺激を楽しむことができる」ということを、誰かが唱えました。この「嗜好性」という新しい価値への探究に、またもや身をもって挑戦をする者が現れ、美食を楽しむために、ふぐの猛毒の使いこなし加減についてのノウハウの進化が始まりました。傍（はた）から見ているものたちが「止めておけばいいのに」と思う中、人類のもつ偉大なる好奇心から「その毒をもう少し多くつけて、刺激を強くしてみよう」という命をかけた危険なチャレンジをする美食家が現れます。

　そして、毎年何人かの美食家がふぐの毒で命を落とす時代が続き、結局「その少量の限度がどのくらいか」という命にかかわる微妙なる線引きラインが鮮明になっていきました。

　人類の歴史の中で長く続いた「人類が飢えている時代」に得られた「ふぐが食える」という知恵は、食糧が十分にある現代の「飽食の時代」という環境の変化によって、さらに進化を起こしたわけです。結局「より刺激的な、うまいものを食う」という、さらに新たな欲求のもとにふぐから享受できる新たなる価値に挑戦し、人類の経験則として、扱い方を進化させるPDCAが廻っていったわけです。

失敗のリスクと引き換えに、「自信」と経験則が身につく

　施策立案（P）の際、安全側に振った選択ばかりを行なっていると、その狭い範囲内での学習しかなされません。リスクも内在するきわどいラインの施策（P）に踏み込んだ人のみが、他の人が知らない未知の体験を通じた学習をし

ます。まさに、相田みつをの「やってみなけりゃ、わかんねえ」の通り、その問題についての視界を大きく広げることができ、失敗のリスクと引き換えに、最も大切な「自信」をつけることにつながります。そして長い目で見れば、安全側に振った選択（P）しか行ってこなかった人たちと比べれば、その得てきた経験則には雲泥の差がつきます。

　余談ですが、いざとなると「逃げる」タイプの人材は、せっかくのPDCAを廻すチャンスを逃すだけではなく、結局、信望を得ることができません。ましてや、失敗の責任を人に押しつけ、手柄だけを自分のものにするタイプの人は、恐怖政治はできても、健全な組織づくりはできません。こういうタイプは、同族企業における親族内人事、院政を引くトップの下の傀儡政権社長、押さえの効いていない混沌状態にある体制、イエスマンによって周りを固める派閥人事などの、合理性の外で意思決定がなされる特殊な状況下を除けば、長いビジネス人生を過ごしても、あるレベル以上の要職に就くことはありません。

「失うものがない奴が、失敗を恐れずに実行をする」
「やんちゃな連中の中から、成功者が出てくる」

　とは、よく言われることです。これは正確には、失敗することや、あるいは失うことを恐れない人間が、たとえ稚拙であっても自分の仮説を大胆に実行に移す「勇気」をもちます。そして成功しようと失敗しようと、その体験から他の一般的な人たちよりも多くを学ぶ、ということのようです。

　子供のいたずらなども未知のことを試してみたいという好奇心と恐いもの知らずの行動力が形となったものなのであり、さまざまな学習のドライブになるのでしょう。

「50代後半以降に活躍している人材は、30〜40代あたりで苦境に陥ったり、冷や飯を食ったことがある」

　これは、チェーンストア理論を体系化した日本リテイリングセンターの渥美俊一先生（故人）がよく言っておられた言葉です。よく考えてみると、傍目に

は貧乏くじとも呼べるような困難な場に追いやられ、そこで必死にPDCAを廻しながら修羅場を潜り抜ける知恵をしぼったり、あるいはさらにその結果として閑職に追いやられたときに、起きたことを冷静に振り返り、よく考える(C)機会に恵まれたためだといえるでしょう。

閑話休題3

「要領のよさ」より、ひたむきな「鈍重さ」
――社長になった人たちの20代の評価

　渥美俊一先生が「上場企業の社長になった人たちの20代の頃の評価を調べてみたことがあるが、そのほとんどが、表現は違えど、いわゆる『鈍重』だった」とよく言われていました。コツコツと地道にPDCAを廻していたために、鈍重という評価を受けていた人たちの中から社長が生まれていくという現実があるのです。

　また、とある上場企業の副社長だった方がこう言われていました。
「自分の付き合っている相手は、上場企業の社長や役員などの実力者が多い。でも自分は、若い頃から人間性がよくて、まじめに真正面から物事に取り組む連中と付き合ってきただけだ。結局、その連中がみな、偉くなった」

　偉くなるには、あるいは出世するには要領のよさが重要だ、と思っている人も結構いるように思いますが、どうも現実は正論のほうが通用しているようです。特に20代の新入社員の頃には、小才の効くものが目立ちますし、一般的にも知恵を使い、うまく立ち回る人たちが、一見、賢い選択をしているように見えます。

　しかし、大きな学習につながる大胆な行動が求められる際に、「賢く」考え、そのリスクを読んでしまって踏み出さなくなってしまうと、その後のビジネス人生で重要になる自信と攻めの姿勢を身につけるチャンスをみすみす失っていることになるのです。

能力、自信、人望を獲得する

　誰でも「社内で偉くなりたい」「出世したい」と思いますし、特に新入社員の頃、一度は「社長を目指したい」と考えるものですが、そのために具体的にどうしたらいいのかについてはイメージをしにくいものです。

　そして知恵が廻る人は、「怒られないように」「マイナス評価がつかないように」「責任を問われないように」と、ついリスク回避の行動をとりがちです。

　しかしながら長い目で見たときには、みながやりたがらないような大きな責任がある仕事や難しい課題に挑戦して成功していった方々、つまり誰よりも果敢にPDCAを廻した方々が、経験と自信に加え、人望を積み重ねていくものです。

　リスクを回避して、点をとりやすい安全な仕事を志向する、一見賢い選択をしているように見えるビジネスマンは、実は、自身が学び大きく成長するチャンスを自ら断ってしまっているということは、もっと広く、とりわけ若い方々に認識されるべきでしょう。

　企業で社長にまでなられた方々にお目にかかると、実績だけではなく、人格的にも「なるほど」と思える方が多いのが現実です。出世というものは、あたかも社内政治などで決まっていくような錯覚をしている若いビジネスマンがいますが、現実には、まず自身の実力をつけていなければ、俎上にさえもあがらないという当たり前のことをもっと理解しておくべきです。

　「あの人はな、実はこんな手を使って社長になったんだ……」という類(たぐい)の「うがった」見方のほうがおもしろく、広がりやすいものです。しかしながら、まっとうに機能をしている企業で偉くなる方々を見ると、多くの課題にPDCAを廻して取り組み、能力を磨き、自信を積み重ね、その能力と自信がさらに人望を生み出し、次なる挑戦を可能にするという正のスパイラルを自らの意思で描き、しっかりと歩んできた方です。

　たしかに企業内の組織は、職位が上がり、上層部により近くなればなるほど、社内政治に影響されやすくなる側面をもっています。

社内全体の、組織としてのPDCAがしっかりと廻っている企業であれば、今、行なっていることが説明できる状態になっており、ポリティクスを含めた「思惑の横行」はかなりのレベルまで抑えられますが、現実的にはPDCAがそのレベルに至っている企業は多いわけではありません。

社内政治への対処方法についても、思惑に左右されないように、自らが強くPDCAを廻せるようになることが一番といえます。ビジネスマンとして生きていくものにとっては、要領のよさや処世術を覚えることよりも、自分の力を高めることが、何よりも自身の未来に向けた強力な無形資産になるものです。

ただし上層部の社内政治の影響で、納得のできないような状況や、キャリア上では好ましくない状況に陥る可能性は、長い人生で皆無とはいえません。特に、権力を行使できるポジションについたり、既存の枠組み・体制に対して挑戦する役回りになると、そういうリスクは高まります。

そうなったときに最も有効なのは、自分自身の廻したPDCAによって積み上げて培ったビジネスマンとしての能力です。あるエグゼキュティブサーチファーム（経営幹部や専門的なスキルをもった人材をスカウトする、ヘッドハンティングの会社）の方に聞いた話です。誰でも知っているほど知名度が高いが、実は社内政治が横行している、とある外資系企業のマネジャー人材について「とにかく、自分の取り扱っている製品群の年間売上高の大きさや、販促金額の多さの自慢しかしない。自分が何を成果として残せたのか、何を変えることができたのかを話せる人材がいない」という話を聞いたことがあります。その会社は、社員の多くが自身の評価のみを気にしており、幹部間ではさまざまな思惑が横行し、他人に足を引っ張られたり、上からにらまれないようにしている、いわゆる典型的なポリティクスの横行している企業文化をもっています。

「あの会社に入って1年で辞める人は、まともな人材と我々は評価しています。そして2年以上留まる人は、ポリティクス面での能力ばかりに長けて、ビジネスマンとしてのバリュー（価値）はかえって減らしていきます」

この外資系企業は自らをマーケティング会社、企画会社と呼んでいますが、その実情はPDCAが正しく廻っていない企業として、人材市場からは手厳し

い評価がなされているようです。

　個人のビジネスマンが、企業内でプロフェッショナル経営者のレベルに近づき、かつ、仮に社外に出ても通用する能力を培うためには、市場を起点にして、果敢にPDCAを廻しにいくことを強く意識すべきなのです。

閑話休題4

ももクロがロックバンドKISSに臆することがなかった理由
―― 普通の女の子たちが懸命に努力して勝ち得た「自信」

　2014年に、ももいろクローバーZ（ももクロ）が米国のロックバンドの大御所のKISSとコラボレーションを行ないました。

　ももクロについては、2011年のさいたまスーパーアリーナ、2013年には11万人を動員した国立競技場でのライブを成功させた、今や説明の必要もない女性5人組のスーパーアイドルグループです。

　そんなスーパーアイドルグループも結成時は、「将来有望」という扱いを受けてはいませんでした。2008年の実質的な結成当初は、代々木公園の路上や、デパートの屋上でのライブなど、極めて地味な活動から始まりました。そうした地道な活動の中で、彼女たちの常に一生懸命なパフォーマンスが広いファン層から支持され、今の人気を勝ち得ました。

　一方、ロックバンドのKISSは40年もの歴史があり、ザ・ローリングストーンズ同様に、自身の音楽を大きなグローバルビジネスとして確立することに成功したバンドです。

　ももクロも日本ではすでに大きな存在感はあるものの、世界レベルの超大物バンドKISSと比べればまだまだ小さい存在です。

　メイクを施したKISSの4人のメンバーと初顔合わせの際、ももクロの5人の女の子たちは、誰ひとりとして物おじすることもなく、KISSのメンバーと真正面から目を合わせて、いつものように明るく笑顔で話を始め、談笑を続けました。

　いくら才能があったとしても、もともとは普通の女の子だった5人です。彼

> 女らが、このような場でまったく臆することなく振る舞えるのは、彼女たちが道に迷いながらも、前向きな気持ちで挑戦を繰り返し、経験を通した「学習」を重ねて培った「自信」によるものに他ならないといえます。
> 　誰でもはじめは「素人」です。
> 　結局、我々ビジネスマンも、自らの手で道なき道を切り開く実践を通して「自信」を培うということ、そしてこれによってしか重要な「自信」を得ることはできないということを理解するべきなのでしょう。

企画→実行→経験則→「自信」→企画…、PDCAによる好循環

　GEの経営者だったジャック・ウェルチの言葉のひとつ、「自信こそ経営の原点だ」は、よく言ったものだと思います。今の多くの日本の大手企業が迫力に欠けるのは、経営層が大胆な経営の意思決定にあたっての「自信」を十分にもてていないからです。

　改革の際、「川は2回に分けて飛べない」と言われます。物事を成功させる人や企業は、慎重に「挑戦的な」企画（P）をした上で、思い切った実行（D）を行ないます。そして状況を見て、調整（C）や必要に応じて考え方の修正（A）を行ない、成功に導きます。結局は企画（P）のあとに、腰が引けずに「川の真ん中に落ちることなく」実行できるためには「自分は飛べる」と、自分を信じること、まさしく「自信」が必要になります。

　頼りなげに見えるリーダーに欠けているのは、多くの場合、何よりもこの「自信」です。「自信」がないから、リスクのない案ばかりを採択する、あるいは考えているばかりでやらない。周りの目を気にして「圧」を感じ、突然、脈絡のないプランに飛びつく場合もあるかもしれません。よって当然ながら前向きなPDCAは廻らず、経験則が得られない。よって、いくら時間がたっても、新たな経験則も「自信」も蓄積されていかない……。

　これが座学のみ、あるいは改革、変革への挑戦の経験や場数が乏しいリーダーが、「自信」をもてないあまり、必要以上に慎重になり、企業の成長を止

めてしまい悪循環にはまっていく典型的なパターンです。実際、成長が止まり、減点主義の振り落とし人事がまかり通っているような企業では、誰もリスクをとりにはいかなくなるため、企業は進化が止まった状態になり、緩やかに衰退し、座して死を待つ、あるいはただただ延命を図る状態になっていきます。優秀な人や企業がもつ「自信」は、基本的に実践に裏づけされています。経営においては、座学だけで、この「自信」が得られることは、まずあり得ません。結局、リスクを避けて「振り落とし」されずに生き残り、経営層入りを果たした方は、経営のPDCAを廻せる、しっかりした経営の意思決定をサポートできる体制でもないかぎりは、大きな経営判断をするリスクをとることはできません。

「（考えてばっかりいないで）走りながら考えろ」というのも、要は「四の五の言っていないで、早く実行に移行し、PDCAを廻して調整しながら成功への道を歩め」と言っていることと同じです。

そして、たとえ**失敗したとしても、結果の検証（C）を行なっているかぎり、場数を踏むたびに経験則が蓄積されていき、やがては「自信」に満ちあふれる状態が実現してきます。**

今や、日本を代表する企業となったトヨタ自動車も、本質的には大変、謙虚な会社です。今のトヨタしか知らない世代には「日本を代表する超優良企業」というイメージの企業です。しかしかつては、都会的な日産自動車に対し、ずっと「三河の田舎者」と言われながらも、ただ愚直に一所懸命、努力をしてきた会社です。今の、誰もが安定感を覚えるトヨタ自動車の「自信」も、市場と、自社の事業の本質を突きつめ、ひたむきにPDCAを廻したことで培われたものです。実際に、トヨタグループのトップの方とお話ししても、今でも驚くほど謙虚で、いわゆる「ベタ」でもあり、事業に対してのひたむきさが伝わります。

閑話休題5

誰でも経験のある「男の子が女の子と付き合う」とき
── さて、はじめの一歩をどう踏み出すか

　誰にでも一番わかりやすいPDCAを廻す例が「男の子が女の子にアプローチする」ときでしょう。

　中学生、高校生と、年頃になってくると、男子は女子に、女子も男子に興味をもつようになります。しかし、なにせはじめてのことなので、どうしたらいいかを一生懸命に考えるものの、なかなかうまく実行に移せません。男女が惹かれ合うのは、生き物としての根源的な衝動ですから、実践への移行には、これほど強いものはないドライブ、つまり「圧」がかかります。一般的な人であれば、たとえ屁理屈を垂れて斜にかまえていたとしても、いつかは行動に移すものです。

　そうこうするうちに、多くの男子が悶々として1歩踏み出すことに躊躇している中で「おっちょこちょい」、あるいは「行動力に秀でた」男の子が、クラスの中で最初に女の子と付き合い始めます。「四の五の考えている」より「案ずるより産むがやすし」と思った末の行動が功を奏し、PDCAのDの1歩を踏み出し、クラスの中での開拓者、パイオニアになります。

　異性が惹かれ合う衝動のもとにあるのは「種の存続」です。男子だけではなく女子も、そのときに自身が理解できる価値観に基づき、種を存続させるにあたり、種を残す価値あり思う「強い個体」「魅力のある個体」に意識が向きます。若い女子中高校生にとっては、野球部、サッカー部などの男の子が「強い個体」「価値ある個体」とみなされ、いわゆる「モテる」状態になります。ちなみにその後、女性も社会に出て、だんだん世の中の仕組みがわかってくると男性への興味も変化し、稼げる男性、仕事ができて出世しそうな男性や、成功者などへと広がっていきます。

　中高校時代は、野球部、サッカー部の男子たちには、追い風の状態となり、労せずとも「女子と付き合える」ために、自らの意思で積極的にPDCAを廻さなくてもよい状態になります。

その後、彼らがスポーツを辞めたあとに「あの時期はいったいなんだったんだ」と思えるほどに、普通の男子と同じになってしまうことが多いのは、華やかなりし頃に自ら進んでPDCAを廻して経験則を積み上げ、「腕」を磨かなかったためなのかもしれません。

　いずれにせよ、女子と付き合うことのできた男子は「自信」を勝ち取ります。そして「自信」をもつことにより、行動もより大胆に堂々となり、結果、さらに挑戦の機会も増やすことになり、学習をはじめ、次第に成功の確率を上げるノウハウを得ていきます。

　一方、後れをとっていた男子も、好きな子を映画に誘ってみたり、グループで遊びに行ったりと、自分なりにいろいろな案（P）を考えて実行（D）に移し、うまくいったり、いかなかったり、その結果を振り返り（C）、「女子ってこう考えるんだ」と女の子の行動原理についての仮説を自分なりに学び（A）、次の案（P）を立てるのに活かします。そして、なんとかお付き合いを始めることができても、さらにその後何度も失敗を繰り返し、格好悪い思いもしながら、成功則を求めてPDCAを廻して、経験則を積み重ねます。

　私の知り合いに、3桁に近い数の女性と付き合ったことを自身の誇りとしている男がいます。彼曰く「俺みたいなブ男は、自分から努力しなかったら、まったく女の子に相手にされない。だから必死に考えて行動してきたんだ」とのこと。

　当時、彼は、誰が聞いても呆れるほど、一生懸命に頭をひねって知恵（P）を使いアイデアを出し、時を惜しんで行動（D）し、女性心理の考察や、自身の方法論の修正（A）を重ねました。経験に基づく数多くの成功則をもって高速のPDCAを廻し続けていた頃の彼は、まさに「自信」に満ちあふれていて、まるで登山家がさらに難易度の高い山の頂に挑戦するがごとく、次々と新しい頂を目指していました。当時を知っている女性は彼のことを「色気がある」と表現していました。この彼がかもしだしていたオーラが、実践によって培われた「自信」なのでしょう。

　結婚してこのPDCAを廻さなくなった彼は今は、昔のようなオーラを発してはいません。彼自身も年齢を重ね、そして、かつては彼のPDCAの対象であっ

た女性たちも年齢を重ねています。そういう意味では、ここであえて戦略論を模した表現を使わせていただくと、「市場が変化した」ことを肌で感じ、「変化した市場、あるいは新たな市場」に挑むリスクを冒す行動に価値を見出さなくなったのでしょう。

この話を、本人たちが廻したPDCAのタイプ別にまとめてみます。

・細かい理屈をちまちまと考えるよりは、まず行動ありきでPDCAを廻し始め、早い段階から道を切り開いていったパイオニア
　→ビジネスでこのタイプに近いのは、若くして起業し成功した事業家
・与件として（市場）環境がよかったがために成功していたが、PDCAを廻していなかったがために環境変化と共に、振り出しに戻ってしまった、かつての成功者
　→運よく事業が当たる環境にいたが継続性はなく、意図的か否かを別にしてはじめの戦略的な優位性による勝利のみで終わってしまった一発屋
・なるべく失敗しないようにリスクを読みながら、慎重に1歩ずつ行動してPDCAを廻し、狭い範囲で腕を磨いていく一般的な人たち
　→一般的な堅実なビジネスマン
・とにかく失敗をして恥をかくのがいやで、いろいろな理屈をつけて最後まで行動せず、結局自らはPDCAを廻さなかった人
　→主体的に動かずずっと社内評論家のままで終わるサラリーマン
・しっかりと毎回挑戦的なプラン（P）を立てて、時を惜しんで果敢にPDCAを廻しにいって腕を磨き続け、怖いものなしの状態になっていったエキスパート
　→まっとうに成功の道を進むビジネスマン

この事例からいえることを、単純化すると、PDCAとは「よく考え、そして思い切って行動に移してこそ、力がつく。そして、たとえうまくいかなくても得るものが大きい」ということになるでしょう。

そして、さらに考えると、恋愛と同じくビジネスがうまくいくかどうかは、

打席数×打率で決まることにも気づきます。

わかりやすいPDCAの事例になっていると思いますが、いかがでしょうか。

3 | 果敢なPDCAが廻ってない企業では何が起きるのか

　経営のPDCAを果敢に廻しにいかない企業経営者は、実践からの学習が十分になされないために、将来を見据えた施策に挑戦するのに必要な「自信」がもてていません。そうした経営者の多くは組織の「和」のみを優先させてしまい、なかなかイニシアティブをとることができません。さらに日本の場合、社長の任期は2期4年という慣習が多くの企業で広がっているために、結果として「任期中は大過なく過ごしたい」と考える社長を増やしてしまい、この「イニシアティブをとらない」傾向はさらに強くなります。

◉ もの真似や「横並び」感覚が静かにはびこる

　ビジネスが長期にわたり横ばい状態になっているにかかわらず「市場や今の自社の現状を考えて、改革に着手すべき」という判断をできない経営者は多いものです。

　また「横並び」感覚も、日本企業では安心感のよりどころになります。

　かつて郊外型紳士服店のチェーンでも「他社のやっていることを真似せよ」という指示が出ていて、店の区別がつかないほどの同質化が進んだ時代がありました。

　私が、株式会社アオキインターナショナル（現AOKI HD）に入社したての頃に、現場のオペレーションの最適化プロジェクトを立ち上げたことがあります。5S（整理、整頓、清潔、清掃、躾）の徹底、さまざまな「見える化」を行ない、販売機会を逃す要因の低減、店舗業務のムダとり、包装資材の発注点管理（＝在庫が決められたある数まで減った際に発注を行なう方法）などに取り組み

ました。管理の甘かった店舗の備品の棚卸しをエリア単位で行ない、さながら大掃除状態になったときに、一緒に作業をしていた営業部長のひとりが「競合店舗も来週あたり、俺たちの真似をして、同じように店の大掃除を始めるかもしれませんよ」と笑っていたことがあります。当時はそれほど、業界全体で横並び感覚が強かったのです。

　家電製造業におけるリストラのように、「他社もやっているから（世の中から、非難されにくいだろう）」という「横並び」感覚によって広がり、日本のまじめな技術者たちが培った技術の海外企業への流出を促進してしまった例もあります。大手メーカーの総合研究所の所長にもなったことのある私の友人は、半導体技術の世界において名が知られている存在でしたが、50代半ばで早期退職制度を使い、企業を去りました。その後、いくつものヘッドハンティング会社からコンタクトがあり、中国や韓国の大手企業からの誘いを多く受けていますが、彼は自分がそれらの海外企業で腕をふるうべきなのかを今でも悩み続けています。

　ただの場当たり的なもの真似や、言い訳ができるという理由だけの「横並び」感覚の施策の実行では、前向きなPDCAは廻りません。よく考えた上で、自らイニシアティブをとることによってのみ、組織は学習します。また自らイニシアティブをとって経験則を積み重ねることができている企業であれば、そもそも、リストラを実施しなければならない事態も避けられたはずです。

経営側が社内の実態を把握できない

　経営視点でのPDCAが廻っていない企業では、経営者は社内の実態を把握する術(すべ)を失うことになります。よって経営判断にあたり、筋の通った議論ができずに役員たちの顔色を伺うことさえも起きます。

　執行責任者たる役員たちも、さほど悪気がなくとも「自分の持ち場をかき回されたくない」あるいは「自分たちのやってきたことを否定されたくない」という意識が、どうしても先に立ってしまうものです。

　以前、商品の発注、売り切るためのMD（Merchandising、マーチャンダイジン

グ：商品企画、および商品の発注から売り切りまでの一連の業務）の発注精度を上げるプロジェクトを行なったことがあります。そこでは、特定アイテムの「見える化」を推進し、在庫の効率が上がり、売上げが3割向上するなど、その効果を実証することができました。ところが、全アイテムへの導入の段になると、執行責任者を兼任している取締役たちが今のやり方を変えることを嫌がり、横展開がなされなかった経験があります。

さらに、改革が進むと自分の立場が不利になると思い、改革を止めたい取締役幹部の言う「うちの文化と違うから」という反対意見をトップが聞き入れてしまった例もあります。結局、この企業ではあとは継続するだけで大きな成功に結びつく状態にまでなっていた改革を止めてしまいました。

本来、事業を発展させて事業価値の向上を求めるのが株主の代表である取締役の役目です。創業者の側近としてやってきた、夢や理念を理解している一部の幹部は、経営視点に立った判断を行なうことができます。ただし時がたち、創業者の想いが薄れ、そして理念などの「押さえ」が効きにくい状態になってもまだ、取締役が実務の執行責任者を兼ねている場合も多いのが今の日本企業です。改革推進の判断をすべき局面で、執行責任者を兼ねている取締役が、自分の担当部門をさわられたくないがために、改革に反対する立場をとるという、経営視点で考えれば、おかしな判断が横行しているケースは数多く見られます。

事業の意思決定にあたり「自信」がないということは、本来、総責任者たるトップがビジネスや、組織がどう機能しているかなどの実態を把握し切れていないということです。何がうまくいっている理由なのか、何が課題となってうまくいかないのかを理解できていなければ、正しい打ち手など施せるわけがありません。

企業規模が大きくなり、古株の幹部が増えてきた企業にこそ、組織的なPDCAの徹底が重要になる理由はここにあります。PDCAが廻っていないと、各部門の責任者たちは経営の視点の共有さえも十分にできなくなっており、部門間の壁、セクショナリズムも強くなりがちです。

そもそも成功者たちは、他の「自信」のない者たちが考えてもやらなかった

ことを、幾晩も寝ずに実行方法を考えて挑戦し、突破口を開きました。そのためにPDCAのPの精度を高める努力を、時間を惜しんで行なっていたはずです。

規模が大きくなった企業においては、何にも優先させて、組織的にPDCAが廻る体制をつくることが急務です。

低迷状態では、トップは市場や事業運営状況の実態を把握できずに「自信」を失ったままとなり、また各現場を見ている部門の責任者は、全社の方向性が見えていないところで、とりあえず自身と自部門を守る「保身」に走りがちです。

この八方ふさがりで、変化が起こらなくなっている組織を、事業体として一体化させて機能させることにつながるのが、本格的な「組織のPDCA」の「起動」です。

経営者の「自信」のなさは社内に「保身文化」を生む

結果として「現状維持」前提の意思決定が横行しているのが、多くの日本企業の現実です。この根にあるのが、経営者が大切な経営判断をするのに十分な情報がなく、場数も足りず、「自信」がもてない状況になってしまっていることです。

毎年恒例のお正月番組『芸能人格付けチェック！』で本物と偽物を見分ける問題に2人組のチームで取り組み、時に意見が割れることがあります。2人組の場合は先輩格の意見にしたがうことになりますが、おもしろいのは、ほぼ同格の2人組のときです。だいたい「自信」をもって主張した側の意見が通ります。客観的に見ている視聴者の我々は、その正しい選択をしているほうが適切な理由を説明していることがわかります。しかしながら、その正しい選択をしているほうが「自信」がなさげな態度で妥協し、間違った選択を受け入れてしまう様子を見ると、誰もが直面する場の縮図として「ある、ある」という共感を覚えます。

- 「自信」がないから、現状を打破できるアイデアがあっても、側近の意見に流される
- 「自信」がないから、猜疑心にかられ、甘言に惑わされた人事判断をしてしまう
- 「自信」がないから、「とりあえず」と決定を先延ばしにし続ける
- 「自信」がないから、せっかく情報を集めても判断ができない
- 「自信」がないから、他の企業がやったことにしたがう

「自信」のなさは、よい結果につながりません。

そして「自信」のないマネジメントは、個人的な「思惑」のつけ入る隙をもつくります。「思惑」が、はびこり始めると、まともな前向きな筋論が通りにくくなります。そして、その下の者も含めて周りは、何よりもまず自分の身を守らねばならなくなり、「保身」を優先させざるを得ない状況になります。人気のあったテレビドラマ『半沢直樹』に代表される企業ドラマではそのほとんどが、組織内に「思惑」をもったものがはびこり、みなが「保身」を優先させざるを得ない状況にあります。そして、上による押さえの効いていない社内において、半沢直樹のような主人公が「筋を通し」にいくという、企業を舞台にした話の典型的な構図になり、日々同じような場面に遭遇している視聴者の共感を得るストーリー展開になります。

閑話休題6

格言とPDCA
——成功の法則、偉人・賢人の言葉を読み解く

世の中には、「成功者の法則」「偉人・賢人の言葉」などは、いろいろなところで見ることができます。「失敗を恐れるな」というメッセージを発しているものも多く見ることができます。

「成功に秘訣などない。それは周到な準備、不断の努力、失敗からの学習の結果である」

これは米国の元国務長官コリン・パウエルの言葉です。

この言葉をよく考えてみます。

成功という結果につなげるために必要なことのひとつ目は「周到な準備」。しっかりとした現状把握と意味合いの抽出、先読みを行なった企画（P）のことになります。

「不断の努力」は、実際の実施段階において、さまざまな壁にぶつかっても、執念をもって目的に向かってやり続ける（D）ということ。

そして「失敗からの学習」はまさに検証（C）と考え方、やり方の修正（D）ということになります。

さらに、この言葉では「成功に秘訣などない」と述べており、これをやれば、成功に結びつくなどという安易なものを求めるな、と釘を刺しています。

また、IBMの中興の祖、T.J.ワトソンの言葉、「成功する最速の道は、失敗率を2倍にすることだ」も果敢に行なった挑戦からの学習のみが成功を実現するための道を切り開くことを、うまく表現しています。

「私たちは過去から学び、今日のためにいき、未来に希望をもたなければなりません。（中略）世の中を良くするために必要なのは科学的知識を身につけることではなく、伝統（過去）と理想（未来）を追求することです」（『アインシュタインの言葉』弓場隆訳、ディスカヴァー・トゥエンティワン）

いかがでしょうか。

世にある、価値ある言葉の多くは、P、D、C、A、それぞれの精度を上げよう、そして愚直にPDCAを廻し、PDCAによって力をつけていくことを説いています。

皆さんも、この視点で、偉人たちの言葉を眺めてみると、その多くがPDCAの廻し方について語っていることがわかります。

PDCAを廻すための必須要素：パッション（情熱）

30年以上前のことですが、『エクセレント・カンパニー』（トム・ピーターズ、

図表1-5 PDCA、自信、パッションの関連チャート

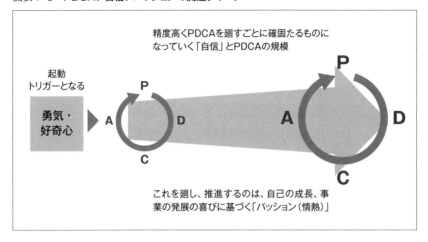

ロバート・ウォータマン著、大前研一訳、1983年、講談社）というビジネス書が一世を風靡しました。原題はIn Search of Excellenceで、「（企業の）優良さを探求して」という意味になります。いくつかの基準に基づき米国の優良企業といえる会社を選び、それらの会社の共通点を解説した本でした。米国マッキンゼーのプロフェッショナルが書いた本であることや、日本では大前研一氏の訳で出版されたこともあって、当時のビジネスマンの必読書となりました。その数年後に、著者のひとりであるトム・ピーターズによってこの本の続編『エクセレント・リーダー』が書かれました。その本の中では、『エクセレント・カンパニー』で取り上げられていた企業の多くが、もはや優良企業ではなくなっている、あるいは企業そのものがなくなっている、という驚くべき事実が描かれました。トム・ピーターズの書いた、この続編の本の原題はPassion for Exellence（企業の優良さへの情熱）であり、結局、これら2冊の本に描かれた考察の結論になったわけです。

Passion for Excellence（企業の優良さへの情熱）

結局、最も重要なこと、欠かせない要素は、優良企業をつくり上げるとい

うパッション、つまり「情熱、意志」であるということで、強い「想い」が優れた企業をつくるすべての源泉となる、というのが結論といえます。

物事に成功するかどうかは、理屈の上での正しさもさることながら、「自分にはやれる」「自分の会社ならばなんとかやれるはずだ」という「自信」をもって企画と実践に臨めるかどうかにかかっています。

そして、その「自信」を培うためには、正しく場数を踏む、つまりPDCAを廻すという事業を通した学習行為が必要です。企画段階で決めたことに対しては、ほぼ例外なく、実行段階において想定外のことが起きます。物事を成功まで導くことができるかどうかは、腰が引けることのない、粘り強い、修正・調整の力であり、これをけん引、ドライブするのが、想いの強さ「パッション（情熱）」であり、最初の起動トリガーとなるのは、ちょっとした「勇気」や「好奇心」、あるいはなんらかの「気づき」なのでしょう（図表1-5）。

そしてこのパッションは、多くの場合、自身の原体験による学びや「気づき」から生まれてきます。

パッションと「自信」は、PDCAを通じて、双方が正しく高められていくものといえるでしょう。

閑話休題7

海外展開さえままならない一部の日本企業の惨状
——「自信」のなさや保身感情が蔓延する

昨今、海外展開の現場で時折、耳にし、目の当たりにするのが、日本企業の信じられないような体たらくぶりです。

先日、ベトナム政府の関連団体に勤めている日本人の方が、好条件でのベトナムへの進出オファーを、ある日本企業に提示したそうです。隣国である韓国と中国とは、いろいろと思惑や感情的な課題がありますが、それ以外の世界中の国は概ね日本という国に対して、好意的な印象をもっています。

このケースも例にもれず、政府側の意向としても日本企業には好意的であり、どこよりも先駆けて話を進めることができたそうです。ところが、この日本企

業の本社からの回答は「検討するかどうかの検討に3カ月を要する」だったそうです。

　この回答にベトナム側も戸惑い、結局、翌週にはこの案件については公に開示され、中国企業、韓国企業と商談が始まり、結論をすぐに出した韓国企業に決まってしまったそうです。海外ビジネスの現場に戻ると、残念ながらこれに似た話を耳にすることはとても多いです。

　国の経済成長は、海外での事業展開による外貨の獲得、あるいは国内での内需喚起による、お金の高速回転状態をつくることによって実現します。海外進出はそのうちのひとつであり、言うまでもなく親日の国への事業展開は、まず優先的に検討すべき課題です。

　先方の国のほうから「ウエルカム、ぜひともお越しください」と言われている状態において「いったい何をやっているのか？」という話です。

　欧米企業も、日本企業と同じく遵守すべきコンプライアンスのコード（行動規範）をもっています。

　欧米企業の場合、「本国では本国のコンプライアンスのコードにそって行動するが、海外ではその国に合わせ、柔軟に判断を行なう」のは当たり前です。さもなければその国での商売など成り立つわけがないはずですが、日本の本社機能、特に法務担当者は、基本的に「攻め」の姿勢が求められる米国企業の法務機能とはうって変わって、リスクを読んで「止めておきましょう」という判断を行ないます。コンプライアンスのコードは、本来、攻めの姿勢の問題部分を正すために、その解釈を検討しながら適用させていくべきものです。法務を含む各部門は、与えられた職責を全うしようとします。彼らとしてはごく自然な振る舞いなのですが、攻めの判断の場においてリスク対応を優先させてしまえば、せっかくのチャンスもモノにすることもできません。

　法人の顧問を引き受けている大手の法律事務所でさえも「企業は、事業の発展を目指すことが最優先課題ではないのか。これではビジネスチャンスを、ものにしていけないではないか……」と頭を抱えるような事態が日本企業内では頻発しています。

ここでの一番の問題は、経営側が法務部門に対して、事業展開にあたっての強い意志、つまり「最後は、われわれが責任をもつ」という「自信」を示すことができていない点です。法務は法務の職責の範囲で考えており、いわば部分最適の視点で考えます。これを全社視点での最適な判断と動きを行なうように修正するのが、経営の本来の役目です。「自信」は、正しくPDCAが廻る健全な状態で生まれるものです。

　経営においては100％見通せていない局面で判断が求められることが多々あります。そこで判断に関しての「自信」がもてないと、どうしても安全側に振った判断をしてしまうものが人間の性です。しかし経営において、常に安全側に振った判断をしていれば、ビジネスの発展に必要な、挑戦の機会を見送り続け、場数を重ねることができずに、「自信」は培われないままになります。これが続けば事業の発展のチャンスの多くを逃し、将来の芽を摘む判断を繰り返すだけになります。

　この「自信」を培っていく唯一の方法は、自社にとって本当に有効なのかどうかがわからない経営理論や手法にやみくもに頼ったり、ましてやまじないや占いなどに頼ることでもありません。しっかりと検討をした企画を実行し、そして検証をして、場数を踏んでいくということ以外にはないという、当たり前のことが今は、多くの企業で十分に実践できていないのです。

　そして、その代償として、本人たちもあまり自覚のないままに責任回避や保身動機の判断をしてしまい、多くの日本の大企業がせっかくの成長機会をふいにして、国として多額の債務を抱える日本経済復活につながる多くの機会を逃していることになっているのです。

4 経営の意思としてPDCAを"組織の文化"にする

　事業においては、部署の単位ごとにPDCAがあります。
　営業、商品仕入れ、それぞれの部署の責任者がいて、その単位ごとに

PDCA、つまり、実行し、その結果を振り返るということを適切なサイクルで繰り返しています。

事業戦略、経営戦略、そして中長期計画は大きなP

例えば、工場の現場作業を考えてみましょう。

1人ひとりの作業者は、どうすればより上手に作業ができるのか、より効率的に仕事ができるようになるのかなどを考えながら、加工や組み立て作業を行なうものです。そして、そうした試行錯誤の中で、さまざまなイレギュラーな出来事にも対応できる力が培われます。自ら考え、工夫を実践し、想定外の出来事にも対応でき現場作業の効率を上げていき、そしてPDCAがしっかり廻る状態を、製造の現場では「熟練」「熟達」と呼びます。熟練工から、管理者のレベルになった現場の長は、自分が責任をもつグループ（組や班）の単位で生産性向上のためのPDCAに責任をもちます。

これが営業の現場ならば、個人がよりうまい営業方法を考え、自身の販売スキルを高めるところからPDCAが始まります。そして営業所や営業部というまとまりがその上のPDCAの単位になり、係長、課長、部長などの責任を担当する職位ごとに、それぞれの数値責任を全うするためのPDCAを廻していることになります。

より地位が上がり重責を担うほど、このPDCAの責任範囲のスパンも大きくなり、事業部、事業本部と規模も大きくなり、一番大きいものが全社、つまり経営レベルということになります。

またPDCAを行なう組織スパンの大小にかかわらず、それぞれに適切なPDCAサイクルを廻す長さ、期間があります。

例えば商品部門（通常、生産管理、在庫管理を担当。需要や受注状況と商品の出来や在庫をバランスさせる役割）であれば、全体として年度の全体総括を行なった上で、次年度の商品方針を定めることが一番上のレベルの話になります。これがファッションビジネスのように季節性があるならば、春夏、秋冬それぞれの単位での検証と方針立案のためのPDCAが必要になります。通常、半期、

図表1-6　**PDCAの大小スパン×期間の例**

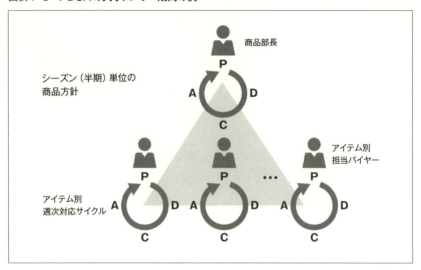

つまり6カ月サイクルのPDCAサイクルとなります。

また商品の売り場投入時期、追加生産、移動、価格変更などの判断もリアルタイムに行なう必要が出てきますので、週次で対応するためのPDCAサイクルも必要になってきます（図表1-6）。

一般的には、商品の年度や半期のPDCAは、その期間の収益性最大化を目的とした、商品企画や発注のバランスをとるためのPDCAです。これに対して週のPDCAは半期の読みの中にはなかったこと、例えば商品の発注数の過不足や、想定していなかった商品機会が見つかった場合への対応になり、それぞれのPDCAサイクルは、求められる機能に基づいて設計されるべきものになります。

そして、企業全体レベルの話で言えば、年度サイクルをもつPDCAが事業方針、経営方針であり、年度をまたいだ長いサイクルをもつPDCAが、事業戦略、経営戦略、中長期計画ということになります。

事業の繁栄は創業者が必死で廻したPDCAの成果

　成功した企業の創業期、黎明期には、事業を成功させることに執念をもったリーダーや創業メンバーが必ずいます。

　その方々は、限られた手元資金、限られた人材、そして日々、人件費や家賃が日々発生する中で、どうすれば事業が成功するのかを必死に考え、さまざまな試行錯誤を行ないます。読み通りに結果が出ればしめたものですが、世の中、なかなかそう簡単にはいくものではありません。そもそも新規事業に乗り出そうというときは、アイデアはあっても、その領域での経験などありません。

　皆が気づいていなかった事業、あるいは気がついていたけれども、手をつけていなかった事業機会に船出する場合、いかに創造的で、論理的に考える力をもっていたとしても、やってみてはじめてわかることだらけになります。

　創業者も当初は、アイデアやユニークな事業の切り口はあっても、自分の行なう新規事業に市場がどういう反応をするかがわかっているわけではありませんし、その事業に精通し、適切な提案ができるスタッフに恵まれているわけでもありません。仮に立案した戦略レベルでは、的確な仮説が立っていても、細部まで「うまくやる方法」を把握できていることは少なく、「必ず成功する手段」を手にしている場合など皆無です。

　最初にうまくいっても、それがビギナーズラックだけならば、舵取りの経験則が積み上がっているわけでもなく、永続性はありません。何度かの失敗が重なり、そのたびに「どの部分を読み違えていたのか」を考えて修正行動をとります。これを繰り返し、仮説を立てて実行し、その結果を検証することを繰り返します。そして、当初の戦略的な方向性が間違っていなければ、前述のメタ知識が積み重ねられ、道筋が見えるようになり、あるとき「こうやったらうまくいく！」というブレークスルーを生み出すプランにたどりつきます。

　創業期から人材に恵まれている企業など稀ですし、潤沢な資金をもとに豪快に実験を繰り返すことができる、ということも普通はあり得ません。人件費

や家賃などは日々出ていきますので、まさしく、精度高く、高速に、挑戦を繰り返す、つまりPDCAを廻さざるを得ません。「俺の言っていること（仮説）は（常に）正しいのだ」などと、開き直っていられる余裕などなく、人のせいなどにしていても、何も解決しません。日々減っていく通帳の預金残高とにらめっこをしながら、自分の立てた仮説（P）を実行し（D）、起きた結果を真摯に受け止めて、再度謙虚に考え直し（C）、やり方や考え方も変えて（A）やり直す、つまり次のPDCAを行ないます。

　PDCAを1回廻せば、時間も資金も消費します。よってなんとか最短距離で成功則を見出すべく、知力と体力を使います。

　もちろん、参入して、かつ、軌道に乗せるための難易度が低いビジネスやシナリオを選ぶことも極めて重要ですが、PDCAを必死で廻し、あとは「運と勘」頼みで突き進むことになります。そして、資金が尽きる前に、成功則を見出すことができれば、めでたくブレークスルーを迎えることができるわけです。

永続的な事業発展の鍵は、大きな組織、高度な競争期に入った事業でPDCAを廻せるかどうか

　黎明期を経て、成長期に入ったばかりの、まだ規模の大きくない企業では、黎明期のPDCAにより得られた経験則を共有することができています。その後、事業が成功すると、組織は大きくなり、初期のメンバーは上位のマネジャー職に上がっていきますが、急成長が続くと経験の少ない「促成栽培」的なマネジャーも増えます。小売業のチェーン店は業態が当たったときには急成長しますので、学卒入社1年目で店長就任ということなども起きます。

　市場というものは一時的に勢いをもつことがあります。成長期の後期は、売上成長の角度（勢い）が同じでも、その内容に変化が起きてくるものです。

　多くの場合、みなが成長に追われて忙しく、PDCAのCを、ついなおざりにしてしまいます。Cがなされていないサイクルでは、次のPの精度は間違いなく低下します。市場起点のPDCAのPの精度の低下は致命的で、

これが企業の成長を鈍化させます。後から成長期後期の実態を追いかけてみると、この成長期後期の施策が大雑把になっていることがよくあります。

また、この時期は事業規模が拡大中にもかかわらず、忙しさを理由に社内の重要な「神経系統」と言える、PDCAをベースにした、指示、報告ラインの整備を怠りがちになります。どんなに営業などの社内の部門ごとの「筋力」や、本部機能の「脳力」を高めても、それを的確に動かして、全体最適を図る「神経系統」が正しく発達していなければ、ひとつの生命体のごとく動くべき組織は、バランスを欠いた動きしかできずに、さまざまな不具合が起きます。ただし市場の勢いがある環境下では、経営陣はPDCAの機能不全という、深刻な病状の進行を深刻なものと受け止めず、やがて、成長は踊り場を迎えてしまいます。

この「成長の踊り場」を迎えたときに、多くの企業の経営陣は「これまでができ過ぎ」「ちょっと休憩」などととらえ、この事態をさほど深刻に受け止めません。

実際の推移には、市況環境、景気などの外的要因によって、業績には上下動があります。PDCAが適切に機能していない企業の場合は、数字の変化の要因分析も的確にはできません。当面は、期や月単位の財務会計などの表面的な結果だけを見て、一喜一憂を繰り返すことになります。

Cが機能しない組織は「思いつき」を繰り返し、疲弊していく

Cが機能していないPDCAのPは、必然的に「思いつき」の企画になっていきます。

ある規模以上の企業では、数値をベースにした「見える化」による管理が必須になるものですが、創業者が分析などのデスクワークをムダなものととらえる場合もあり、重要な管理指標の「見える化」が進まないこともとても多いです。

ちなみにトヨタのすごさのひとつに、全社として、社員が自身の業務について「見える化」を推進する文化をもっていることがあげられます。そしてそれ

だけではなく、主要業務の重要な管理ポイントとなる指標を見出し、その「見える化」の工夫を行なうことにより、「目で見る管理」の精度を常に上げ続けている点があります。

PDCAが廻らなくなった状態の企業は、成功確率の低い「思いつき」を繰り返しながら疲弊していきます。大きな組織では、組織的なPDCAがうまく廻らないかぎり、事の因果がうまく見透かせず、社内には「うまくいかないのは、自分が悪いからではない」という他責、保身文化がはびこっていきます。

仮に経営層が「新たな成長基軸を……」と新規事業の検討を始めても、PDCAが機能しているフェアな土俵づくりのなされていない企業では、どうしても、未知の新規事業に担当社員が安心して取り組める環境にはなっていないものです。

人は本来、その本性として前向きなことに取り組みたいものですが、経営層が、そのための健全なる土俵をつくることができなければ、新規事業に取り組む本人はまず保身を考えざるを得なくなります。

結局、課題は「組織の規模と事業のステージに応じ、真摯にPDCAを廻すことができるか」であり、言い換えれば「規模やステージに合わせたPDCAを、精度高く廻すために必要な工夫やテクニックを、的確に取り入れて実践することができるかどうか」になります。

規模が大きくなっても組織として、挑戦を行なうPDCAが廻る状態をつくることができるかどうか、そして、それを企業の習慣、文化にすることができるかが、企業の永続的な発展を現実のものにできるかを左右します。

閑話休題8

「運と勘」

ここでは、先ほど触れた「運と勘」というものを少し考えてみたいと思います。

その1「運をよくする3つ」
日本史、世界史が大好きな、ある大手企業の社長と食事をしていたときの話

です。

　その方が「いろんな連中と付き合ってきたけどさ。やっぱり人間、運だよな、運」と言われました。人の努力を運のみで片づけられるのも、なんとなく面白くないと思い、「ならば運をよくするには、どうすればいいのですか」と尋ねました。

「おう、簡単だ。3つだ、3つ……」

　さて、皆さん、この方が言われた3つ。なんだと思われますか。

　その方の言われた答えは、「笑顔、若さ、謙虚さ」の3つでした。

　私なりにそれを伺い、一瞬考えたあとに尋ね返したのが、

「それって、人に好かれる3つじゃないですか」

「そーだよぉ」

「ならば、運っていうのは、人が運んできてくれるものなんですね」

「そーなんだよ」

　結局、人間関係、それも信頼関係に基づいて的確な情報やアドバイスが行き来する、生きたネットワークが人の運をよくするということになります。以前、EQ（Emotional Quotient: IQとして知られる知能指数に対して「心の知能指数」や感情指数と呼ばれる）について「人生における成功度合いは、実はIQとは相関がなく、EQと強い相関性をもつ」という論文が発表されたことがあります。よい方々とちゃんと付き合える人間としての力も、この運を上げるためには重要ということになります。

その2「勘は、感性＋経験＋謙虚さで培われる」

　ご本人は、極めて一生懸命なのですが、どうも仕事の勘所が悪い人がいます。そういう方にかぎって、自説をぶつのですが、実績や周囲の評判も今ひとつという感じです。ご自身の中では、自信のあるストーリーになっているのですが、周りは何か収まりの悪さを感じます。

　見ていると、まずどうも「プライドが高い」ということ、そして「せっかく、周りから発せられているアドバイスや情報がその方に染み入っていかない」ということが共通点のようです。

事を成功させるためには、ときには、根拠の希薄な自信も必要とはよく言われますが、その際も「謙虚さ」に加え、飛び交っている情報を感じとる「感性」、そして、その情報の価値に気づくための「場数と経験」が必要なようです。

第2章 優良企業の実践力
―― 成長・発展し続けるために

1 ｜ 実践力があってはじめて、戦略は機能する

●「戦略はないが、実践力に秀でた会社」あなたはどう評価する？

　私のマッキンゼー時代の先輩が「戦略のある会社／戦略がない会社」と「実践力のある会社／実践力がない会社」をマトリクスにして、どの企業がよい組織かという議論を行なったことがあります（図表2-1）。

　戦略と実践力が両方ともそろっている会社は、明らかによい会社で○がつきます。両方ともない会社は、簡単に×がつきます。さて、残った会社はどう判断したらよいでしょうか。戦略はあるが、実践力がない会社には、やはり×がつきます。

　では、戦略はないがPDCAを廻し、実践力がある会社はどうでしょうか。ここには若干の議論が起きますが、目の覚めるような戦略を手にしていなくても、目の前にいるお客様にしっかりPDCAを廻して価値を提供できているならば○がつきます。実践力があり、その上、戦略がある会社はさらにいいということになりますから、マトリクスの左上には、○よりも◎を入れるのが適切

図表2-1　戦略（ある・ない）×実践力（ある・ない）

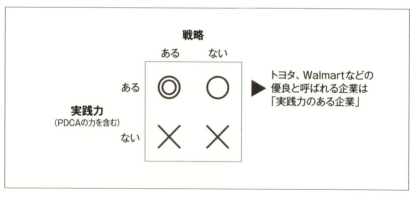

なのでしょう。

　結局、戦略は実践力がなければ、その価値は発揮されない、という結論になります。

　この結果は「戦略には価値がない」ということではなく、「実践力があってはじめて企業活動は健全に成立する」ということです。つまり、事業活動には実践力が必須であり、実践力の強化が競合優位性の発揮の前提になるということです。そして事業を、より効果的にうまく発展させるためのシナリオが戦略ということになります。

　そもそも「戦略が欲しい」という議論が起きるのは、多くの場合、事業運営の先行きに不安感を感じている会社です。そしてトヨタ自動車やウォルマートのような真に実践力がある会社は、市場の変化に追随できており、そこでは既存事業において「戦略が欲しい」という議論は起きません。「戦略が必要ですか」と聞かれれば「いいえ、特に」という答えが返ってくるものの、日々、実践力があって市場起点でのPDCAが廻っている企業では、企業の戦略という視点では、基本的には日々、市場起点の的確な判断がなされています。よって実質的には、本人たちは意識をしておらず「戦略が必要」という表現がなされないだけで、実質的には戦略のフレームワークにのっとった視点で事業運営をできている状態だと考えられます。

　こう考えると、このマトリクスには、戦略というものが、具体的にどういうものかの定義があいまいになっているがゆえの、若干の言葉遊びの要素が含まれていることに気がつきます。

　この意味合いを簡単に表現してしまえば、**実践力＝マイナスからゼロへすること**（あたり前のことがちゃんとできる状態）、**戦略＝プラスを大きくする**（成長・発展のためのシナリオ）という表現が適切なのでしょう（図表2-2）。

　マッキンゼー在籍時に気がついたことですが、戦略系コンサルティングファームを上手に使う会社は、明らかに実践力がある会社です。そして、彼らの依頼の仕方には共通点があります。「欧州に進出する際の営業戦略が欲しい」などのように、課題やテーマが極めて明確であるということです。これは自分たちには情報が不足していて、市場分析もないままにやみくもに実行し

図表2-2 「実践力：マイナスからゼロへ、戦略：ゼロからプラスへ」

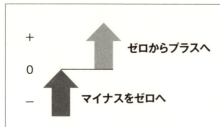

た場合のリスクや、失敗の可能性、資金や時間のロスを最小化したいという明確な意図があります。また、こうした「戦略としての初期仮説づくり」、つまり戦略立案は、そういう場数、経験則をもつ、いわゆるプロに依頼したほうが、時間も稼げて、精度も高くでき上がるということも知っています。

コンサルティングファームを使い慣れている欧米企業の経営層は「**我々は、時間を買うためにコンサルティング会社を使う**」と明言します。

ジャック・ウェルチのいたGEも、マッキンゼーのような戦略系コンサルティングファームを使いましたが、全社改革や中核事業の改革課題ではなく、課題事業、不振事業への対応策を中心に依頼をしていました。

外部のスタッフは、経費と時間を大幅に節約し、かつ自分たちの課題解決のための能力とパワーを高めるために利用するものであり、ゆえに良質なプロフェッショナルを使う必要があります。そしてこれは決して「お金を払えば、それだけで会社がよくなる」、あるいは「今まで見たことのないイリュージョン（幻想）のような打ち手を手に入れることができる」と期待を抱くことでもありません。

戦略は成長シナリオの初期仮説

低迷状態が長く続いている企業では、マネジメント力も含め、企業全体の力が弱まっていると考えたほうが適切です。

現場ではなんとか数字をつくろうと大変な思いをしている場合が多いため、

個々の人材や現場の「筋力」は上がってはいても、市場との乖離、他責文化の蔓延、結果としてのリーダーシップの弱体化などで、経営レベルでとらえれば、企業全体の力は、実はかなり弱まっていると言っても過言ではありません。

この低迷状態を脱するため、あるいは新たなる成長基軸を実現するための戦略は、合理的に組み立てられた「賢明なシナリオ」ではあるものの、見方を変えれば、たとえそれが良質なものであってもただの初期仮説でしかありません。したがって戦略は「金科玉条のごとく」奉るがごとくに扱うべきものではないのです。

実践力は、戦略を調整・改善し、進化させる

事業のオーナーや株主側からすれば、例えば経営コンサルティング会社に高い金を払ってつくった戦略があり、そしてさらにヘッドハンティングして雇った給与の高い経営者や、ターンアラウンドマネジャーがいれば、その戦略を実行して短期での業績の向上することを期待します。しかしながら、長期間かかって弱体化した企業を短期間に回復させることは容易な話ではなく、そこに何か「魔法」のようなものを期待すべきものではありません。

また日本企業においては圧倒的多数である、調整力を備えた生え抜きのトップにとっては、トップの意思を中心にしてPDCAを社内で力強く廻せる体制を意図的につくり込んでいないかぎり、今の社内の秩序を破壊することができず、改革を独力で断行することは、ほぼ不可能です。

事業の再生をする場合、日米問わず、腕のよいターンアラウンドマネジャーは、長期的な打ち手と、短期的に結果を生み出せる施策の両方を常に考えて、長期、短期の2つの課題に並行して取り組みます。これによって早期に結果を出しながら、中長期的に企業が自身の力で成長していける能力、すなわち企業の実践力をつけていきます。

ただし、特に米国ではよく見られることですが、リターンを求める株主の力が強くなると、配当確保のために単年度の収益追求に対する圧力が強まり、

「とにかく、単年度の収益さえあげて帳尻を合わせておけば、配当も出せて株主も静かになり、CEO自身の高額な報酬が来期も保証される」と考える経営者が現れやすい環境になります。そしてその中にはプロ経営者を名乗ってはいるものの、事業を健全に育てることなど、二の次、三の次と考える輩も出てきます。

現実に、市場に価値を提供するための本質的な企業の実践力を高めることなどそっちのけで、当期PLの出来栄えや、帳尻合わせのみを追求する連中は残念ながら数多くいます。疲弊している事業を再度育てあげて健全に成長させるということに、実は興味をもっていない連中が高額の所得を得てトップに収まり、数多くの素晴らしい米国の企業をダメにしていったことも、まだ記憶に新しく、そして今でも一部の企業では起きていることです。

そもそも実践力は、戦略を調整して磨き、改善し、進化させながら進む力です。

企業が低迷状態から抜けられなくなるのは、市場との乖離が起き、その理由を把握できぬまま右往左往し、挙句の果てに社内で責任を押しつけ合うような事態に至るからです。結果として、真因の追及を怠たる、あるいは真因の追及を行ないにくい状態になっているために、組織としてPDCAが廻らずに、市場との乖離はさらに進むことになります。

企業の実践力は、精度高く、高速にPDCAを廻した結果として得られます。現在、低迷状態にある企業が戦略を手にして、そしてPDCAをベースにして実践するということは、言い換えれば、その戦略の調整を素早く行ない、戦略を進化させ続けることになります。

そして何よりも重要であり、かつ大仕事なのが、企業の中の各部署で、組織としてPDCAが精度高く廻せているかを管理できる、いわゆるマネジメントができている状態にすることです。

全社でPDCAを廻させる能力、つまりマネジメント体制のつくり込みは、「和を以って貴し」が文化としてしみついている日本企業における最大課題と言っても過言ではありません。

戦略・改革が画期的であればあるほど、
高いレベルのPDCAが求められる

　ある日本の大手メーカーが「今後の自社の発展のために」と大手の経営コンサルティング会社に戦略の立案を依頼しました。そしてその会社のトップは、でき上がった戦略を手にして「まずはとりあえず、その戦略をやってみよう」と言われました。

　優秀なコンサルティング会社ほど、質もレベルも高いレコメンデーション（提案）を作成します。ここで問題なのは、その納品された戦略が画期的であればあるほど、それはクライアント企業が思いつかなかったようなレベルのものとなり、その実践は、その企業がそれまでもっていた常識や秩序の枠内に、はまらないものになります。

　戦略は、事業の成長軌道に乗せ、企業の事業価値の向上を狙うものです。よって日本式の作法にのっとると、まず経営幹部の間で議論を行ない、方向性と実行プランについての合意をまとめることになります。そこにおいて、卓越した戦略を「始動」するためには、経営者、あるいは経営参謀役にそれなりのレベルの「腕」が求められ、その議論の進め方、合議の取りつけ方、そしてPDCAを廻しながらの実践の進捗管理にもその「腕」と「技術」が求められます。

　これが米国のような事業価値の向上を意識する企業環境であり、かつ腕のいいプロフェッショナルレベルの経営者がいれば、自らの意思で戦略を採択し、自らの腕でPDCAを廻して実行していきますが、日本企業の経営層の議論は往々にして立案した戦略を目の前にして「さて、どうする？」というところから始まってしまいます。

　企業戦略の実践は、指揮をとる改革のディレクター役が完全に自身の頭の中でWhat-Why-How（何をすべきか、その理由が明確であり、いかにやるのか）をイメージできて、さまざまな局面で、修正の判断を行ないながら推進していくものです。変化というものに恐怖感を感じる人間の本性部分を踏まえると、

「とりあえず、やってみる」というレベルの意識では、うまくいくものではありません。

　改革を実践するという側面で考えた場合、自らの腕で改革のためのPDCAを廻せる、手練れの「プロフェッショナル経営者」の数が圧倒的に少ない日本企業においては、組織のPDCAの精度とレベルを高めて、「手練れ企業」となる以外に手はないのです。

社長自らPDCAを廻すか、組織がPDCAを廻す体制をつくるか

　米国でよく見られるトップのリーダーは、自らイニシアティブをとってPDCAを廻します。しかしながら、日本企業のトップはどんな優秀な方であっても、「和」をもって組織をうまく動かそうとします。「和を以て貴しとなす」は飛鳥時代のころ、聖徳太子の時代から使われている言葉です。歴史を紐解くと、当時、大陸との文化の比較ができるほどに突出した国際感覚をもっていたのが聖徳太子だったようです。おそらく日本の外の実態も理解した上で、十七条憲法の一条目にあげたのが「和を以て貴しとなす」であり、これが日本の特徴であり、力を最大化させる強みとなるものとみなしていたのでしょう。

　その前提で考えれば、日本企業のトップが自ら組織を振り回すことなく事業運営を行ないたいと考えるのはうなずけることです。

　特に日本企業においては、「和」をもって組織を動かすためのPDCAを機能させることが、最も有効な組織のマネジメントの実現につながるでしょう（図表2-3）。

リーダーシップの発揮には、理にかなった報告の作法が不可欠

　結局、組織は常に、何らかのかたちのリーダーシップを必要とします。
　ただし、このリーダーシップとは単に誰かがにらみを利かせて威張っている、いわゆる恐怖政治のような状態のことではありません。

図表2-3 組織において、PDCAを廻させる

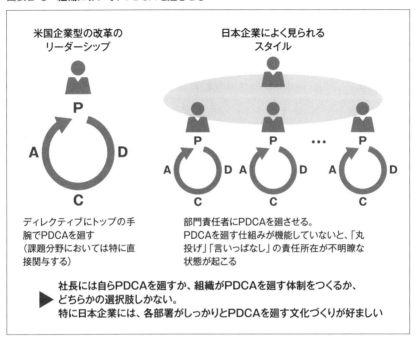

組織が求めるリーダーシップとは、次のことが実践できている状態です。

・全社、事業全体にとっての最適の方向性を示す
・フェアに物事が判断される
・やるべきことは評価をする
・やってはいけないことはしっかりと注意を行なえる

経営層がこのリーダーシップを発揮するためには、社内、部内において何が起きているかを的確に把握できている必要があります。

ただ「現状を報告するように」と言っても、一般的にはマネジャーの頭の中にあることがそのまま説明されるだけで、しっかりとした理の通った報告の仕方の訓練や指導、躾をなされた方でなければ、トップが知りたい視点をふまえて、優先順位の高いものから順に、そして的確に説明できるようにはなりませ

ん。いわゆる報告の作法が、社内に根づいている必要があります。
　事業運営においてトップが知りたいのは、

「現状で、事業、市場はどうなっているのか」
「そこには、どういう問題（あるいは課題）があるのか」
「問題があるならば、その（真の）原因は何か」
「その原因は本当に正しいのか」
「どういう対策を打つべきなのか」
「その対策は正しいのか」
「その対策の結果は、いつ報告をするのか」

　……ざっと、このようなものになります。
　これが市場起点のPDCAを廻す際の報告内容になり、これが報告されていればトップは正しい判断ができることになります。

　ところが現実には「人、性善なれど、性怠惰」なものです。
　「問題点を顕在化させることは美徳である」という企業や組織の文化ができていないかぎり、人は誰でも自分の落ち度を追及される可能性のあることは隠しておきたいものです。
　また新たな問題点をしっかり特定しようとした場合、少なからず事実に基づく情報を収集し、そこから意味合いを見出し、的確な打ち手を説明する作業は、慣れぬうちは時間も手間もかかるものです。さらに、自分のやっていることは、他人に口出しはされたくないと考えてしまうのも、人間の自然な心の動きです。
　しかし業務の精度は企業の発展と共に進化、向上させるべきものであり、その進化の方向性は個々の担当者の我流ではなく、全社視点のものでなければなりません。
　事業をつくり上げた「成功した創業者」であれば、当初は事業の全貌は把握できていますので、簡単な口頭報告でも何が起きているかをほぼ理解でき

ます。しかしながら、時がたち、市場や競合、事業構造も変化してきたときには、すでに「成功した創業者」であっても口頭報告だけでは、事業課題の的確な把握が困難な状態になっていきます。

よって、事業がある程度の規模になってからは、組織としてPDCAを廻すことによってはじめて、上手に事業と社内の実態をトップが把握できている状態となり、トップの判断の精度も上がり、結果として社内に向けてリーダーシップを発揮できている状態を実現することができます。

そして、そのようにトップが正しくリーダーシップを発揮している状態においては、社員は自分の身を守ることに神経を使うことなく、安心して前向きに、課題に取り組むことができる環境ができ上がります。

2 徹底してPDCAを廻す日米の代表的な2大企業

ここでPDCAを廻す力に基づく実践力を、実際の企業を例にあげて具体的に考えてみます。

この直近十数年のスパンで、安定した成長力、収益力ともに優れた企業を考えると、日本ではトヨタ自動車、海外ではウォルマートが実践力に秀でた企業として考えられます。この2社の実践力の強さを考えてみます。

トヨタ自動車──現場の知恵を組織の知恵に転換

トヨタ自動車はコスト、品質、デリバリー（納期）の追及を含め、自動車ビジネスに求められるすべての企業の能力を磨き続ける文化と習慣をもつ存在です。

トヨタ自動車は、前述の通り日本で最も実践力に優れた会社のひとつです。

日本企業での時価総額1位であり、2014年には日本経済新聞社のNICES総合評価の第1位にもなった規模の追求と健全さの両方が実現できている稀有な企業であるといえます。

かつてトヨタ自動車には「戦略がない」と言われたこともありましたが、そもそも戦略系のコンサルティング会社に自社の根幹の経営戦略立案を頼るような企業文化ではありません。

　自動車市場は、効率性、利便性、そして快適さの追及を、日本のみならず世界中でより優れた交通手段として求められ続けるという大前提があります。よって、その手段としての自動車の提供を、高い品質レベルを維持して、よりコストを下げ、開発から生産までのリードタイムを短縮し、かつ市場の変化に柔軟に追随できる生産体制と仕組みづくりに真正面から取り組むことによって、行なってきたのがトヨタ自動車です。そして、その仕組みをさらによいものに磨き上げるべく、常に新しいチャレンジに取り組んでいます。仮に問題が起きても、当座の対応のみではなく、再発防止のための抜本的な打ち手、すなわち、恒久対策と応急対策を施すことによって、企業の事業力そのものを強くしていくことに取り組んでいる会社です。

　かつて北米にて本格展開を始めた80年代、トヨタ自動車はテレビで、安さを連呼するようなCFを流してブランドイメージを下げてしまい、現地ではホンダや日産に後れをとるところから始まりました。そして2014年には、トヨタ自動車の北米における販売台数シェアは、2014年には14.4％で、GMの17.8％、フォードの15.1％に続く第3位の位置につけています（図表2-4）。日本車メーカーでは2位のHondaが9.4％、3位の日産が8.4％であり、日本車メーカーの中では押しも押されもせぬトップ企業です。

　ここまでにもってくることができたのはトヨタ自動車が、北米展開における当初の仮説といえる戦略（P）を、結果を見ながら、こだわりなく謙虚に、素早く修正（A）できるPDCA力の高さのおかげといわざるを得ません。

　またトヨタ自動車の強さを見せつけたのが、リーマンショックの影響や、そして幹線道路が利用できなくなった3.11の震災で、JIT（ジャストインタイム）方式のロジスティックス網が分断されてしまい生産が十分に機能できなくなり、赤字になったところから、現在の見事な復活を遂げたときです。「BCP（Business Contingency Plan: ビジネスコンティンジェンシープラン、緊急時対応のための計画）の作成を」というテーマで企業向けにセミナーが開かれたことがあり

図表2-4　2014年の米国での主要メーカーの新車販売台数

	メーカー名	2014年	
		1〜12月累計	シェア
米系	GM	2,935,008	17.8%
	Ford	2,480,942	15.1%
	FCA	2,090,639	12.7%
	Total	7,506,589	45.6%
日系	Toyota	2,373,771	14.4%
	Honda	1,540,872	9.4%
	Nissan	1,386,895	8.4%
	Subaru	513,693	3.1%
	Mazda	305,801	1.9%
	Mitsubishi	77,643	0.5%
	Suzuki	0	0.0%
	Total	6,198,675	37.6%

出所）各社発表

ます。そこではトヨタの事例が取り上げられましたが、トヨタの企業文化においては、「先を読んで対応を用意しておくこと」は当たり前の基本動作です。そして、予期していなかった事態が起きた場合は、そこから学習し、方法論の精度をさらに高めていくことが、基本動作として、この企業に根づいていることなのです。

　トヨタ自動車は常に新しい試みを行ない、その結果を振り返ることによって学習をし続け、「技術標準」などの書式で蓄積し、強い企業文化を築き続けています。

　今から30年ほど前、GM、フォードの製品企画から量産開始までの期間、いわゆる生産リードタイムが5〜6年かかっていた頃、トヨタ自動車はすでに3年以内に量産開始ができる体制をもっていました。この企画から生産までのリードタイムが短ければ短いほど、市場のトレンドに合わせた調整を量産のタイミングぎりぎりまでひきつけて行なうことができます。トヨタ自動車は、モデルチェンジ、マイナーチェンジのたびに、たとえば品質管理手順の改革な

ど、新しい手法を取り入れ、この3年もさらに短くする試みを行ない続けてきました。今はトヨタブランドの中で最高峰にあたるレクサス、市場展開当時は日本名セルシオの第1号モデルも、ぎりぎりのタイミングまでデザインを大幅に変更することができたといわれています。

トヨタでは、モデルチェンジやマイナーチェンジのたびに、品質を上げ、コストを下げ、デリバリー（納期）を短くするために、方法論を進化させる挑戦を行ないます。

製品の試作は、試作工場での1台単位の試作から始まり、実際の工場の現場を使った量産試作に移行しますが、この期間を短くするためにも帳票や手順の見直しなどに、さまざまな新しいアイデアを入れ込みます。量産開始までに見つけて、つぶすべき品質改善点数はこれまでの経験則として把握していますので、その点数を従来よりも短い期間で達成するプロセスの改善に挑戦します。

プロセスの改善においても、新しい試み（P）を行なえば（D）、常に予期せぬことや、読み違いによる不具合が起きるものです。

例えば、その試作段階の品質課題を発見する期間内に目標発見数に届かなかったが、「今回の製品は品質の精度が高いのかも……」と考えて、量産に移行したとします。そして、結局、量産開始後に初期不具合が発見され、工場内に手直しが必要な車が数多く滞留してしまうこともあるでしょう。なぜ、それが起きたかを確認（C）して、対策（A）を打ち、生産リードタイムの短縮のための方法論の精度をさらに上げるPDCAを、果敢に廻すことになります。

Cのための「見える化」を徹底的に進化させる

トヨタ生産方式をつくり上げた男として知られる大野耐一氏と一緒に仕事をしていた方に伺うと、大野氏は、失敗をした際に言い訳しているのを聞くと、「そんなことはいいから、次にどうするかを考えろ」と言ったそうです。そのようにして、人の責任を追及するよりも、せっかくの失敗から何を学ぶかが優先される文化ができあがっていったのです。

トヨタ生産方式の思想は、一言で言うと「現状のやり方の課題や問題点を常

に表面化させ、検証（C）をできるようにする。そして見つかった問題点の改善（A）をする」という思想を実現するための知恵や方法論の集合体です。よって、検証（C）のための「見える化」の方法論の進化（A）に知恵を使います。

　例えばトヨタグループの生産現場では、工場の生産ラインの稼働率（ラインが停止していた時間を除いた実際の稼働時間÷全稼働可能時間）が100％である状態には、見えないムダが潜んでいると考えます。数値管理だけを行なっている座学系の管理者であれば、喜び勇んで「わが工場の稼働率は100％です」と報告するでしょう。ただ、トヨタが目指しているのは、「ムダなく、よどみのない清々としたものづくりの流れ」づくりです。その状態を目指し、限界に挑戦し続けて、知恵を使い続けている企業体です。

　トヨタ自動車では「在庫がたっぷりある状態でコンベア生産を行なっていれば、作業員ごとに見たときの作業に手待ち時間が発生していても、そのムダが表面化しない」と考えます。自動車は、右ハンドル、左ハンドル、対米向け、欧州向けと仕様が異なれば必要な作業時間も異なりますので、それぞれ仕様の異なる自動車を混ぜてライン作業のバランスをとるという混流生産の考え方をとります。

　そして、在庫のレベルを限界まで下げ、それでもし、清々と生産が流れずにラインが止まるならば「どこに作業の偏りがあるのか」を追及できる仕組みになっています。ある自動車組み立ての現場で「稼働率は98％でも高すぎる。今のレベルで適正なのは95％程度だ」という言葉を聞いたことがあります。生産現場、そして企業には、常に改善の余地が隠されているという前提に立ち、問題点を顕在化させて改善していくPDCAを廻すことが企業の文化としてしみついています。

　東日本大震災の際にロジスティックスがズタズタになり、自動車がつくれなくなった際にも、「従来のやり方には、そういう事態を想定していなかったために対応できないという問題点があった」と、期間の長いサイクルで発生しうる新たな課題が顕在化されたととらえます。そして「そういう場合にも備えた対策を考えるべき」と思考と行動が進みます。

見込み違いや失敗を表面化させることを美徳とする企業

「チャレンジ目標を立てる」ものの、「知恵をしぼって着実に、できることをきちっとやる」、そして「さらに知恵を使ってハードルを上げるチャレンジをして、自らのハードルを上げ続ける」というスタイルを基本として、着実に企業力を培ってきています。前述の例のような北米市場への進出のような未知のことに対しては、まずやってみて、素早く修正すればいい、そして「自分たちは、こだわらずに修正することができる」ことに自信をもっている企業姿勢が見られます。

つまりやってみて成功すればいいが、見込み違いや失敗は、それが表面化されるようにし、速やかに修正を行なうことが当たり前である企業文化ができ上がっているといえます。

これをよく考えると、トヨタの文化では「5回のなぜ」に代表されるように、常に問題点の顕在化と追求を行なっていることに気づきます。この姿勢のもとではいわゆる「思考停止」が起きずにPDCAが廻り続けることになります。「著名な先生がおっしゃった」など、専門家などの「ブランドある」オーソリティに言われると、うのみにしてしまうことが多い一般企業に対して、トヨタでは「なんでだ？」と常に三河弁で問いを入れることで、常に本質論に戻ったWhyが続く、思考の柔らかさが実践されているといえます。

今の我々は、日本を代表する超優良企業である現在のトヨタ自動車しか知りませんが、昭和40年代当時は「技術の日産」と言われる日産自動車が、その事業規模もトヨタ自動車を上回っていました。一方、当時のトヨタ自動車は、自動織機繊維機械の時代から培ってきた「信号かんばん」「アンドン」などのノウハウをベースに地道に、最もムダなく、最も理に適った市場に追随できる「ものづくり」のノウハウを積み上げてきました。

創業の時期に米国の自動車づくりの量産の現場を見学し、「まだ市場ができ上がっていない日本では米国のような車の量産体制をとっても、その量は売れない」と失望感の中、たまたま視察の帰りに立ち寄った、当時の日本にはなかったスーパーマーケットの売り場にヒントを得た、売れたものを後補充する「スーパーマーケット方式」、後に外部に名前がもれてもなんのことかわか

りにくい名称にしようということで「かんばん方式」という呼称に変わった、ものづくりのノウハウを積み重ね、トヨタ生産方式と呼ばれる体系化を進めました。

現場主義、現地・現品主義で出たアイデアは必ず実践し、そしてそれを修正しながら、改善手法そのものも改善を続け、現場起点のPDCAを廻し続けたわけです。

閑話休題9

トヨタとVWの合弁事業の話

今から20年以上前の話です。かつてトヨタ自動車はVW（フォルクスワーゲン）と欧州でJV（ジョイントベンチャー、合弁企業）を立ち上げて、RV車の生産、販売を行なうための提携交渉を行なっていました。そのミーティングの場で、お互いが相手にどんな価値を提供できるのか、という話になりました。

トヨタ側からは「VWはものづくりにおいて、世界最高水準といえるトヨタ生産方式を、自分たちのものにできる」という話をしたとき、その場に出席していたVWの若い幹部たちに、あからさまに鼻で笑われたそうです。

「あなたたちはいったい、何を言っているんだ？ 今どきトヨタ生産方式なんて、世界中で研究されつくされている。日本語以外でも、さまざまな角度からトヨタ生産方式についての論文、書物が出て、自分たちはその考え方をすべて理解している。トヨタ生産方式など自分たちにとっては、今や価値のあるものではない」

明らかにビジネススクール出身のエリートの若手幹部たちからこう言われて、トヨタ自動車のシニアマネジャーの方は打ちひしがれた思いで帰国の途に就かれたと聞きます。

ところがその後、VWとのJVの話がまとまり、第1号モデルの生産が始まる際に、VWの歴史において画期的なことが起きました。

この自動車工場での量産が、計画通り遅れることなく始まったのです。当時のVWでは、当初の計画通りに生産が開始することなどはありえないことで遅

れが発生することが常態化していたのです。

　当時、ほぼ同じ時期に、米国のGMで華々しく発表された「サターン計画」がありましたが、実際の生産は発表された当初の計画から数年も遅れました。

　VWの当時の幹部たちは、トップから「日本のトヨタ自動車の爪の垢を煎じて飲ませてもらえ」と言われたと伝えられています。

　「爪の垢を煎じて飲ませてもらえ」が、実際にドイツ語でどんな表現だったのかは知りません。いずれにせよ、座学だけの知識と、本当の実践力の強力さの違いを如実に示し、そして論文にかかれた技術だけあれば実践できると頭だけで考えがちなIQ組の危うさを示すよい事例だといえます。

　この話が象徴しているのは、事業における差を生み出すのは、「何をやる」という施策そのものよりも「いかにそれを精度高く実施できるかどうか」にかかっているということです。

「成果主義を取りいれたがうまくいかなかった」
「○○メソッドを取り入れたが定着しなかった」

　こうした話は、どこの企業にいっても、いやというほど聞きます。
　「今度、うちの○○工場で、JIT（Just In Time：ジャストインタイムのことで、トヨタ生産方式の中核のアイデアのひとつ）のコンサルタントを入れて、もう一度、JITに真剣に取り組もうという話になっているんだ」
　ゴーン改革前の1980年代の終わりの頃に、日産自動車に勤めていた友人から、こう聞いて驚いたことがあります。当時、JITの理屈やノウハウについては、すでに書籍などでも世に数多く存在していましたし、現場もやるべきことをわかっていたはずです。日産自動車レベルであれば、この局面はコンサルタントの指導を仰ぐというよりも、むしろ組織の運営の考え方、つまりマネジメントがJITをしっかりと理解して、PDCAを廻し現場へ定着させることができるかどうかということが課題だったはずです。つまり、いかに実践を行ない組織の力を高めるかが課題だったのです。もしノウハウを知らなかったとすれば、それはJITのノウハウではなく、PDCAを廻すマネジメントのあり方がわかっていな

かったといえます。

　VWの例も同じで、PDCAを廻してモノづくりを極めていく、その実践の重要さを、幹部として配置されていたインテリ人材が、理解していなかったということです。

ウォルマート──PDCAの精度とスピードを上げ、店舗の商品構成を最適化

　世界最大の小売業であり、そして世界最大の企業であった石油メジャーのエクソン、ロイヤルダッチを抜き、今や文字通り世界最大の企業にまで成長したウォルマートですが、ウォルマートに対して取引先の評価が高いのがその「実践（Execution）力」です。

　ウォルマートの創業者のサム・ウォルトンは、当初、ベン・フランクリン社の最大のフランチャイジーでした。あるとき「ひとつの店で、より多くの品揃えを実現し、お客様があちらこちらの店を回らなくてもよいように」と考えて、ベン・フランクリン社に新しい業態の実験を申し入れました。結局、これが聞き入れられなかったのをきっかけにして、当時としては画期的な、小商圏対応型の大型ディスカウント店の実験を始め、これが現在のウォルマートに進化していきました。

　このウォルマートが価格と、小売業としての利便性を、信念をもって愚直に追究し、挑戦と改善を積み重ねること、すなわちPDCAを廻すことによって、世界最大の小売業チェーンとなったのです。

　創業時から今に至るまで、さらに顧客のためになる店をつくるために、いまだに果敢な挑戦を続けています。従来型の店舗では1800坪タイプから2300坪への商品ラインの拡大に挑戦し、そしてその店内通路を介した外殻側にさらに食品スーパー部門を配置して、購買客への購買オケージョンの幅を広げています。さらに別業態として、より小商圏対応のニーバーフッドタイプのスーパーマーケットの実験を行なうなど、攻めのプラニング（P）を行ない、実験

写真1　ウォルマートのCEO（当時）リー・スコットのオフィス

を繰り返すウォルマートは、米国企業では徹底して、精度高く高速にPDCAを廻している企業です。

小売業は一般的に、企業再生を行なうことが難しい事業といわれます。

その理由は、小売りの現場は、理に適った取引が行なわれるB to Bの世界とは異なり、最終的には顧客の感性にうまく訴えて、「心地よさと、衝動性の喚起」が鍵になり、この見えにくい価値の軸上での戦いとなるからです。さらにこの小売ビジネスの科学は、まだ他の産業分野と比べると歴史が浅いということも、小売業の領域を難しくしている理由のひとつです。

トヨタグループもカー用品を売る「JMS」という小売りのビジネスに進出していますが、大成功に至っていないのは、この小売ビジネスにおける戦略を磨き上げるPDCAが、今時点ではまだうまく廻せていないからなのでしょう。

フェアな事業運営の徹底

ウォルマートの事業運営に関するスタイルをPDCAの観点から見ると、トヨタ自動車と酷似していることに気づきます。例えばベントンビルにある、ウォルマートの本部を訪れると、「何が顧客のためになるか、その価値を真摯に追求し続ける」という点が、どのように実践されているのかが、よくわかります。

この世界最大の小売業の本社の外見は、米国の地方の町にある、さながら20ドル程度で一晩泊まれそうなモーテルのようです。

そして、インターナショナル部門のオフィスは、これまたモーテルのフロントのような受付で、入り口からわずか3メートルほど。気さくな妙齢の女性がフレンドリーな笑顔で出迎えてくれます。
　オフィス内に入っても、極めて質素な執務スペースが並んでいるだけ。
　私が当時、米国のザ・コカ・コーラカンパニーの同僚と本社の建物の外側を歩いているとき、彼がにやにやしながら「あの、部屋はなんだと思う？」と指をさした方向にあったのは、質素なモーテルの1室のようなスペースでした（写真1）。この部屋が他の部屋と唯一異なるのは、警備用のカメラが建物内にいくつか配置されていることでした。
　「あれはCEOリー・スコットの部屋だ」
　一方で本社のすぐそばにある物流倉庫は、最新鋭の設備投資が行なわれ、事務所スペースとはまったく印象が異なり、積極的な投資が行なわれています。
　お金をかける意味のないところには、一切お金をかけることはしないという姿勢がわかる、極めて象徴的な例です。
　他にもウォルマートには、マネーゲームや、浮ついたアイデアに飛びつくのではなく、理に適ったまっとうな事業文化をもっています。
　いくつか例をあげてみます。

・改善活動：改善すべきところを徹底的に議論、明確にして、誤りを正し続ける（コレクション・オブ・エラー）。つまり、PDCAが（空気のごとく）前提になっているということ
・賢明な投資を惜しまない：挑戦的なPを是とする
・スピードを重視する：PDCAの速さを重視する
・現場で判断させたほうがよいことは、現場で判断できるように
・売上情報を開示するリテール・リンク：卸元も巻き込んだ適切なレベルでのPDCAサイクルづくり
・サプライヤーとの協働：社外ともPDCAを円滑に廻せる企業連携体制づくり
・フェアさの徹底：PDCAの前提であり、その徹底により、さらに精度が上がる

中でも、まっとうなPDCAを廻す前提にもなるフェアな事業運営の徹底は、口先だけで唱えている会社は多くとも、このウォルマートのようにまともに実践している例は稀(まれ)であるといえます。

　小売業は事業規模が大きくなってくると、ともすると仕入元のメーカーや卸売業に圧力をかけて、自分たちに都合のよい取引条件を引き出すことに集中しがちなものです。

　ウォルマートについては、まずフェアさを前提としていて、常に自社、取引先、顧客のすべてにWIN-WIN（ウィン-ウィン、すべてにメリットがある状態）になるように施策を決めていくという、これも唱える企業は多くともなかなか実践できないことを徹底し、フェアネス（フェアさ）、信頼関係というお金に換えがたい大切な価値を実現しています。

　かつて私が日本コカ・コーラに在籍していたとき、短期間ですがアトランタの本社で仕事をした時期があります。その際にウォルマートの本社のあるベントンビルに行き、コカ・コーラのウォルマート・チームのオフィスで打ち合わせをしていたときの話です。

　その日はウォルマートのバイヤーとのマーケティングプランの打ち合わせがありました。コカ・コーラのオフィス内では、コカ・コーラ製品が飲み放題で、社員だけではなく来社した人も、自分の好きな飲料を自由に飲むことができます。打ち合わせの最中に、そのウォルマートのバイヤーも、ミーティングルームの隅にあるクーラーボックスからコカ・コーラの缶を出してきて飲み始めました。そして、ミーティングが終わると彼は、財布から1ドル札を出してテーブルの上に置いて帰ったのです。

　日本の企業でも、商品部のバイヤーなどは自分の判断に影響を与えないように、取引先の接待は受けないといったスタンスを明確に出している企業は数多くあります。しかしながら、このウォルマートほど、フェアネスを自然に企業文化として、ストイックに徹底できている企業はあまりないでしょう。

価格交渉の駆け引きよりも担当カテゴリーの分析に時間をかける

　ウォルマートのPDCAの力を業務において顕著に示すのは、商品バイヤー

の仕事の仕方です。ウォルマートの商品バイヤーと、同業他社のバイヤーとの大きな違いは、仕入れ先との価格交渉ではなく、商品分析に多くの時間を費やす点といわれています。他の同業会社は、取引先との単価の駆け引きに時間の多くをかけて、よりよい条件を引き出すことに注力します。

　しかしウォルマートは、最初から「うちは年間○○ケースを売るので、納入単価は○○円で。ボリュームリベートは最初から反映させておいて」という条件を提示して、さっさと商談を終わらせ、あとはPCに向かって、担当カテゴリーの分析に時間を割き、顧客に支持されている要素は何で、売上げをどこまで上げることができるかについての仮説出し、つまり、商売にとっても最も重要な課題への取り組みに多くの時間を割きます。

　そもそも小売業の醍醐味は、顧客が来店前に購入しようと考えていた商品以外の商品を上手に提案し、数多くの商品を購入してもらうことです。この顧客の購買行動は「安い」だけではなく「素敵」「便利そう」などと、感覚的、情緒的な要素がベースになるため、売り手側は顧客の購買行動をしっかりと把握する必要があります。ファッションビジネスや小売業において「見える化」や分析のためにMDシステムが重要になるのは、その商品企画、商品構成において、「何が売れ筋なのか」を正しく把握し、何が売れ筋の「キーワード」になっているのかを押さえることから始まり、さらに商品の関連購買などの仮説を立てて検証するというPDCAの繰り返しが、基本になるからです。

　実際に以前、日本の大手小売業の社長たちと米国の小売業の視察ツアーに出かけたときに、同業態であるウォルマートとターゲットで、「どちらの店が買いやすい売り場か」を試すために、視察バスの停車時間40分の間に、個人個人が、飲み物、フィルム（まだ、デジカメが普及する前の頃です）、洗面用品など、必要なものをどれだけ購入できるかを競って比べてみたことがあります。このときもウォルマートでの買い物が、ターゲットよりも、平均で1〜2点多く買うことができていました。

　買い物をしたほとんどの社長が「ウォルマートのほうが、商品が探しやすかった」という感想を言いました。他の店よりも、よりよい売り場をつくるためのPDCAを廻してきた結果だと考えられます。

昨今では、コモディティグッズから始まったeコマースの売上げも拡大しています。これは顧客行動情報が実際の店舗よりも把握しやすく、そしてMD検証も行ないやすいというのも、ビジネス拡大の一因になっているといえます。

週次ではなく日次でPDCAを廻すMDプロセスの進化（A）

　ウォルマートは今から10年ほど前、一般的なノートパソコンのハードディスクの容量が20～40ギガバイトの時代に、米国の国防総省のペンタゴンで使っているハードディスクの容量を超える22テラバイトのデータストレージをもっていました。バイヤーが自分の担当カテゴリーの分析を行ない、顧客の購買行動を徹底的に追いかけ、さまざまな仮説を立て検証を行なっていました。つまりPDCAを廻して商品構成の最適化に向けた分析を、どの競合よりもお金と時間を割いて徹底的に行なっていたのです。今では週次のPDCAをさらに進化させ、日単位レベルのPDCAに取り組んでいるといわれています。

　日本でもセブンアンドアイホールディングスCEOの鈴木敏文氏が、イトーヨーカドーの業革推進を始めた頃、小売業ではまだ「机の前に座っているな！現場に行け！」が常識だった時代に、「自分がたまたま売り場にいたときの印象だけで判断をすると危険。バイヤーは売り場に行かずに事実としてのデータをよく見るように」という指示を出し、プラン・ドゥ・シーと同じ意味である「仮説と検証」という表現を使い、徹底していきました。

　また、ウォルマートが海外展開を行なう際にはその経験則から、まず進出先の国にロジスティックス部隊を送ります。これは、目に見えにくいムダの温床になりやすい物流において、最適な体制を組み上げるという考え方です。日本では「しまむら」が国内展開の初期の頃に、新しい地域に出店する際に、まず、店舗開発の担当者を現地に住ませて土地勘を把握し、そしてまず物流センター建設から着手してから、店を出店していったのと同じ発想です。

　このように、戦略レベルの大きなPDCAから、日単位のバイヤーレベルのPDCAまで、高い実践（Execution）レベルを目指すことに注力してPDCAサイクルを廻し続けるのが、このウォルマートであるといえます。

写真2 「従業員のみんな、いつもありがとう」

実践派の2大企業の共通点──人を大切にする

　事業を運営しているのは人ですから、PDCAを廻す主体は人です。
　これら2社、トヨタ自動車とウォルマートに共通しているのは、社員を大切にするということです。ウォルマートも、社員を大切にする企業文化が米国内でよく知られています。
　ウォルマートの本社があるベントンビルには、街の中の看板に「従業員のみんな、いつもありがとう」という掲示がされています（写真2）。
　日本国内はおろか、世界中でこのような掲示を公道に出している企業は他に見たことがありません。
　かつて、トヨタ自動車はその創業の頃に、車が売れずに資金がショートし、銀行からの要請で人員を整理しなければならなくなったことがありました。トヨタはそれ以来、絶対に人には手をつけないと決めたそうです。今では、トヨタグループ企業のトップに就任したときに「もし人材に手をつけるならば、まず自分自身に手をつけるように」という不文律を伝えられるそうです。
　先日、トヨタグループの企業のトップだった方と、国内の他の自動車企業の方との対談の場をもちました。そこで際立ったのが「人」に対する捉え方の違いです。その自動車企業は、現在伸び悩みの局面にありますが、そこで展

開されている施策は表面的に見ればトヨタと同じです。ところが話の応酬が進む中で浮かび上がってきたのが、トヨタではすべての施策の大前提にあるのが「人を育て、人を大事にする」という1点に集約され、その前提でのマネジメントの舵取りを、各階層で知恵をしぼって行なうことが原則になっていることです。これに対して、その企業では「人は（戦略、施策を）指示してやらせるもの」でした。客観的に対談を聞いていた側から、この人材に対するマネジメントのスタンスの違いが明確に見えたのが印象的な対談でした。

人を大切にする。だから人が安心して力を発揮し、事業が世の中に貢献できる。

つまり、PDCAを廻す主体となる社員を大事にすることが大前提で、みなが能力アップに研鑽する企業文化をつくることに専念している企業であるといえます。

前向きに考えたアイデアをしっかり説明して承認を得て、まっとうに実行できる。

誰でも、そんな企業で仕事をしたい、働きたいと思うものです。

人は、性怠惰ではありますが、その本質は善と考えるべきです。

経営層が、社内のPDCAをしっかり廻すことに注力している状態においては「お天道様は見ています」という状態ができ上がり、人の性怠惰な部分は封じ込まれ、アイデアや行動を前向きに評価する文化ができ上がります。

「仕事は私たちを、退屈、悪徳、欲望という3つの悪行から救ってくれる」とは、18世紀、専制君主政権下のフランスの哲学者ヴォルテールの言葉です。正しく、まっとうに仕事に取り組める環境は、昔から「思惑」の蔓延を防ぐということのようです。

実際に、長期にわたって健全に成長している企業は、そういう状態づくりに成功し、そして健全に維持することを是とする体制ができています。

常識的な前向きな人たちが、のびのびと挑戦的な課題に取り組んでいる……、これが真のPDCAが廻っている状態といえます。

閑話休題10

企画（P）段階におけるPDCA、いわゆる「仮説思考」

　問題解決の手法として重要なもののひとつに「仮説思考」があります。まず現状の情報を集めて現状把握を行ない、そして仮説を立て、その仮説が正しいのかどうかを検証し、その結果から、さらに次の精度の高い仮説や、別の本質的な仮説を立てるという問題解決の進め方です。最適な解、本質的な解を見出すために、物事を仮定し、PDCAを廻すことで、解に最も早く到達できるということが実証されている方法論です。

　マッキンゼーでも問題解決においては「仮説思考」を行なうことが推奨されます。実践段階のみならず、企画においてもPDCAは極めて有効なアプローチになります。

　この「仮説思考」と対極にあるのが、すべての可能性を最初から分析、検証していく、いわゆる「絨毯爆撃」型の進め方で、答えがわかっていない領域においてこれをやってしまうと、膨大な人手と時間がかかってしまい、消耗戦の中でチームが疲弊してしまう、あまり推奨されない問題解決の進め方です。

　なお、「仮説思考」において最も良質な初期仮説を得ることができる場所が「現場」です。

　品質の向上も含めた意味での生産性向上のためには、生産の現場を見ることが重要です。

　販売や営業の現場、そして、小売業であれば、自店舗のみならず、競合店舗。「百聞は一見にしかず」

　昔々のトヨタの現場では、鬼より怖い「生産調査室」が工場に来て、ある工場のプレス機械の問題を特定できなかったプレス課の課長を、「問題に気がつくまで、そこにいろ」とロープで工場の柱に縛りつけたという話を聞いたことがあります。事の真偽はわかりませんが「現場で考える」ことを徹底させている逸話だといえます。

3 市場起点で考える
──ビジネスの本質は「変化対応」

● **優れた企業は、市場起点でPDCAが廻る体制をつくる**

　戦略立案時に使う3C、市場（Customer）、競合（Competition）、自社（Company）の枠組みは、戦略の立案のための分析と、与件を明確にしてアクションプランを作成するにあたっては、とても使いやすい道具立てです。

　市場規模・市場のセグメンテーションはどうなっているのか、競合状況はどうなっているのか、そして、そこで自社の強み・弱みを明らかにした上でどう戦うか……を明らかにして、戦略シナリオを描いていくことができます。

　実際のビジネスの現場においては、これらの3つの要素は静的なものではなく、時間と共にダイナミックに変化をします。

　例えば、競合がいる市場では、それぞれの企業が、自社が勝つために、他社より何かに優れた製品やサービス、いわゆる競合優位性をもとうと努力を続けます。またB to Cのビジネスにおいて、「より安く」「より便利に」だけではなく、さらに、「より楽しく」という感覚的な軸まで加わって優位性を競い、新たな価値の提供に挑戦し始めると、お客様もそれに刺激されて次のレベルの価値を求めてさらにダイナミックに変化していきます。

　そのときに企業のマネジメントが規模に応じたレベルで機能していないと、PDCAの精度が下がり、市場志向の企画力は弱くなっていきます。

　つまり元来ビジネスというものはすべて、セブンアンドアイホールディングスの鈴木敏文会長が言われるような「変化対応業」であり、B to Cのセブンアンドアイグループのような小売業は、その最たるものであるといえます。市場が変化する以上、企業においては常時、大なり少なり市場起点での改革が行なわれていなければなりません。しかし、ちょっとした「驕り」などの理由

からこれができなくなると、いとも簡単に市場から乖離し、低迷状態に陥り、やがて、改めて戦略立案から始めざるを得なくなり、体制、やり方を見直さなければならないような改革が必要になってしまいます。

その視点から考えても、トヨタ自動車の生産方式は、市場追随型の生産体制を追求しており、そしてウォルマートも、日々のMDの分析から市場のプロファイリングを徹底して行なっており、両社とも、異なる市場起点のPDCAが廻る体制づくりを極めようとしています。

日本企業不振の真因――グローバル市場を起点としたPDCAが不在

昨今の日本企業の振るわない理由について論じた論文やビジネス書を見ると、さまざまなダメ出しのあとに、結局、「経営力が低下している」「リスクをとらない」「経営のできる人材の不足」という、いわゆる「リーダー待望論」で締めくくられているものがほとんどです。

しかしながら、それが本当に問題の真因であり、最優先の対策事項なのでしょうか。

たしかに、戦後、日本の復興の意義の下に、多くの起業家が現れて多大なる努力をされ、今の日本経済の基盤をつくっていきました。しかしながら、その頃の経営者がみな、派手に檄を飛ばすワンマン型の社長ばかりだったかというと、そうでもありません。

日本経済華やかなりし頃であった70～80年代には、日本の製造業ではQCサークルなどの小集団活動が根づいていきました。製造現場に近い小さい単位での自主的な業務改善が企画され、実施、修正を経て、「理」を以て言語化し共有するPDCAが廻っていたのです。

個人の強いリーダーシップによって企業が成長するというよりも、各部署が自らすべきことを考えて知恵をしぼり、それを全体最適のかたちにするマネジメントのできた日本企業が優良企業に育っていったのです。当時はグローバルにも市場が拡大する高度成長期という時代でしたが、企業は「自信」をもって、日本に根づいている「和を以て貴しとなす」という風土を最大限に活用

していきました。

　ところがバブル崩壊以降の市場環境の変化と共に「自信」を失った企業が、この「王道」を歩むことを止め、時として起こってしまう東芝の不正会計スキャンダルに代表されるように、大なり小なりPLの帳尻合わせに奔走する状態に入ってしまったといえます。

　現場は市場と相対し、PDCAを廻しながら日々の業務に取り組みます。この現場（＝市場）起点のPDCAが経営の意思によって動く事業レベル、全社レベルのPDCAと連動のレベルを上げ、磨く必要があります。

　そして今を考えれば、国内は人口が減少基調に入り高齢化が進んでいます。国内市場のみならず、アジア市場など新しいグローバル展開を成功させるため、「自信」をもって組織を健全に、そして積極的に動かすことが必要です。そのために名実ともに、「安心して、未知のことに挑戦しなさい」というメッセージを発することができ、組織が安心して前向きな挑戦が行なえるようにする土俵づくりを進めるリーダーシップが必要なのです。

第3章

なぜあなたの会社のPDCAは廻らないのか？

「PDCAを廻そう」という掛け声に異論を唱える人は、まずいません。

それにもかかわらず、PDCAを的確に廻すことができている人や企業があまりに少ないのはなぜでしょうか。

人間には生き物としての物理的な寿命がありますが、国も企業も、そこにいる人が入れ替わる代謝がありますので、本来は永続的に反映していくことが可能なはずです。ところが現実には、国も企業も盛衰があり「企業の寿命○○年説」も唱えられます。

かつてプラトンが、ギリシア没落の原因を「欲望の肥大化と悪平等主義、そしてエゴイズムの氾濫」と説明しました。はるか古代から現代に至るまで、組織を衰退させていく要因は変わりません。これらを封じ込めることができるのがPDCAの精度を上げることになりますが、一方で、このPDCAを廻す障害になる要因も企業の中にはあります。

本来重要なのは「PDCAを廻させる技術、仕組みと仕掛け」なのですが、この章では、認識しておくべきPDCAを阻む要因に触れていきます。

1 PDCAを阻む最大の要素「人、性善なれど、性怠惰なり」

人、そして企業や国を含めたさまざまな組織は、PDCAを廻して成長、発展するわけですが、一方で、常にそれを阻む要素があります。

まず、最も強く影響するのが「**人、性善なれど、性怠惰なり**」という人のもつ「**弱さ**」の部分です。人は、さほど悪気はなくとも、つい「楽をしたい」という気持ちが優先した行動をとってしまうものです。

これが起きる事例として、事業が成長軌道に入ったあとに起きる、典型的なパターンを考えていきたいと思います。

なぜ、成長期後半に組織の業務精度が低下するのか

　事業の黎明期には真摯にPDCAを廻し、やがて成功則を見つけて事業は成長期に入ります。

　成長期の初期では、黎明期の試行錯誤を通じて得られた、事業における「やっていいこと」「やってはいけないこと」が明確であり、かつ組織の規模も大きくありませんので、同じ価値観、考え方を共有できた事業運営ができます。そして何よりもチャレンジ精神がありますので、新しい挑戦も行ないながら事業を伸ばしていきます。

　成長が続くと組織の規模も次第に大きくなっていきます。

　組織の成長に伴い、分業も進みますが、多くの場合、大きく育った組織を正しくマネジメントする方法論を体得できていないため、勢いにまかせた従来のやり方のままでは、事業運営の精度が徐々に下がっていきます。

　ただし、成長期にある事業は市場にも勢いがありますから、売上げの数字を表面上で見ている分には、相変わらず成長は続いています。そのために経営層が、内在しているこのPDCAの精度低下という深刻な課題に気づかないことが、この時点での本当の問題です。

　企業の運営においては、それが良い打ち手であっても悪い打ち手であっても、売上げや利益に必ずしもタイムリーに表面化するわけではありません。市場や社内の勢いや、逆の場合の市場の冷め具合などにより、悪いほうにも良いほうにも結果が出るまでに時差ができてしまいます。

　企業は、ある規模以上になると、単純に月次決算などの定期的な業績数字を見ているだけでは、この結果の確認までの時差のせいで判断を間違うことがあります。

　本来は、施策に対する成果、つまりやったことに対しての結果の因果が、適切なサイクルで把握できるようにしなければなりません。

　思い返せば、今の経営陣も事業の黎明期には、現場でお客さんの笑顔や不満げな表情を見て、客数の増減にも神経をとがらせていたはずです。

それがいつの間にか、月次の財務会計の決算に一喜一憂するようになっています。すべての「利益の源泉」は常に現場のお客様の笑顔にあるのですが、それよりも月次のPLの数字の出来映えに意識が向くようになっています。

　結局、規模の拡大と共に、社内において事業の運営状況に関する情報の共有は不十分になり、徐々に市場の意向との乖離が起き始めていきます。創業社長は、従来のやり方で現場を回りますが、いかんせん1日24時間の制約のある中ですべての問題への対応を行なうには、まったく時間が足りません。幹部やマネジャーに「パソコンの前ばかりに座っていないで、現場へ行きなさい」と檄を飛ばすこともあります。マネジャーたちがPCを触っているのはデータから自分の担当部門で何が起きているのかを把握しようとしているからです。しかしながら、その事業規模に求められる精度の情報が得られるシステム投資を「怠って」いることも多く、PCの操作にも必要以上に時間がかかります。現場を見て気がついた仮説も十分検証できぬ状態で、さまざまな情報の精度が下がり、マネジャーの判断の精度も低いままになります。そのことを的確に指摘できる者、情報の取り方の工夫を指導できる者もなかなかいるものではありません。

　当然、社内でやりとりされる情報も、不完全な状態が続き、マネジャーレベルの機能不全も起き、経営側にもフラストレーションばかりが募ります。そして、いつの間にか、事業規模が小さい頃には可能だった、かつての精度の高いPDCAサイクルが実現されていない状態となってしまいます。

　この時点で、PDCAを廻す組織運営の方法論を的確につくり込まねば、

・経営判断に必要な情報さえ的確にあがってこない
・指示の「丸投げ」が常態化し、現場に上層部の意思が伝わらない

という事態になり、そして、

・事の因果がよく見えない
・結果として、次のプラニングや実施策の修正がうまく行なえない

図表3-1　S字曲線のスローダウン、そして下降期

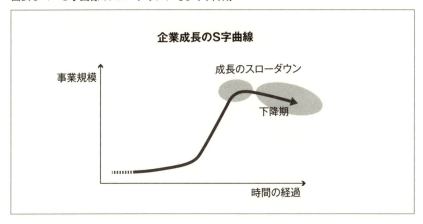

など、要は本来の事業責任者としての社長業、すなわち経営判断、事業判断の精度がどんどん下がっていきます。

結局、事業不振の根幹にあるのは、本来、社長がうまく分業を進めて全うすべき、社長業の機能不全なのです。

また、この時期は組織の拡大とともに、短期間で昇格した、いわゆる「促成栽培マネジャー」も増えています。

成長期のうれしさ、ワクワク感をみなで共有できていますが、一方で、昂揚感の中に知らず知らずのうちに慢心も芽生え、仕事の精度は、徐々に荒っぽいものになりがちです。

そして多くの場合、成長がスローダウンします（図表3-1）。

結局、本来は必要だったさまざまな経営判断を「怠って」いた成長期後半に、この低速状態に陥った理由や根にある要因があります。この時期に神経系統や自律的に判断できる体制を、しっかりとつくり上げていく必要があります。さもなければ、まず企画（P）の意図が現場に的確に伝わらなくなり、実施（D）の精度は確実に落ちます。そしてさらに検証（C）についてはつい、忙しさを理由に精度が下がり、さらには検証（C）がなされずに放置されるようになると、企画（P）の精度は一気に下がります。さらに、やり方の修正（A）も行なわずに放置されるようになってくると、黎明期には、あれだけ真剣に取

り組んでいたPDCAはおろか、「仮説と検証」のサイクルも、ほとんど廻らない状態になっています。

　企業としての学習サイクルが止まった状態になり、早晩、事業の成長は「踊り場」を迎えることになるのです。

「成功した創業者」も犯す過ち
——市場との乖離が起きた理由に気づかない

　創業社長が営業担当部長に、成長が減速した理由を確認しますが、そのときの答えは、どこの会社でもほぼ同じです。

「製品は一通り行き渡り、市場も落ち着いてきました」
「競合も出てきましたので、顧客も他の会社のものと比べて選べるようになりました」

　こうした報告がなされ、社長も一応は納得します。
　しかしながらあとになって、そのときの状況を調べてみると、しっかりとした分析や事実の裏づけがなされていたことはなく、ただ単に「こうだろう」程度の感覚で、まさに「人、性善なれど、性怠惰」な口頭レベルの報告で終わっていました。
　実際にいくつもの企業で、成長が減速したときの実際についての分析を行なってみましたが、そのほとんどのケースにおいて、この成長の踊り場を迎えたときでも、実は市場にはまだ、勢いが残っていました。
　それでも成長の減速を招いた理由は、新規顧客の流入獲得が相変わらず続いている一方で、既存の顧客が他の商品やブランドに移っていたり、店に来なくなる、退会や継続購買中止などの理由で離れていっています。
　「期待通りの（進化をしている）新商品（新サービス）が投入されなくなった」というレベルから始まり、「コンテンツが期待ほどおもしろくなくなってきた」「店での接客対応が横柄だった」などさまざまな理由があります。

つまり勢いは持続している一方で、経営層が気づかないうちに、顧客の期待を裏切ること、あるいは顧客の意にそぐわないかたちでビジネスが展開されていたわけです。そして既存顧客の離反が始まり、これが成長の勢いとの相殺を起こし、売上げの伸びが弱まってきたように見えていたことになり、いわゆる「市場との乖離」が成長期の後期から始まっていたわけです。

事業の成長が鈍化して、成長曲線の角度が変わってしまう事態は、本来、事業経営においてはすでに大事件のはずで、トップは、その理由を最優先で把握しなければいけないところです。

しかし急成長が続いていた社長は、この状況の深刻さを認識していません。

さらに事態をややこしくするのは、現実の業績数字は、景気などの外部要因の影響も大きく受けて上下に動いてしまい、因果をしっかりと明らかにする分析ができるスタッフ部門も機能していない状態では、事業の実力がよく見えないという点です。

特に歴史の浅い会社ほど、業績に変化を与える要因を分析せずに財務会計をベースとした、グロス（全体トータル）の結果数値のみを見て、経営判断をしがちです。そして、事業運営上の課題がどこにあるのかについての議論はなく、期の結果のみを見て、都度、一喜一憂を繰り返します。

経営陣の「思いつき」が連打される低迷期

低迷状態が続くと、なんとか数字を戻さねばと考え始めます。

経営陣は、現場に発破をかけつつ、アイデアを求め奔走し、現場もなんとか数字をつくろうと奮闘します。しかしながら、事業運営レベルのPDCAが廻っていないか、求められる精度に達しなくなっており、実行されるプランの多くは「思いつき」のものになります。

「海外視察で、こんなやり方を見て来た」
「競合の○○は、こんなことをやっているらしい」

トップは、さまざまなところからアイデアを拝借してきます。
　中には「おい、うどん屋って原価率が低くて儲かるらしいぞ」というレベルの理由で、まったく未経験のビジネスに踏み出してしまう場合もあるでしょう。
　しかしながら、それらのアイデアも作法にのっとったかたちで企画がまとまっていなければ、その検証もおざなりになったままとなり、仮に次々と策が実施されても、ただ「うまくいかない」という結果だけが残っていきます。
　PDCAがうまく廻っていない状態で、ただ思いつきのアイデアを次々と打っていても、なかなか結果につながらず、現場は疲弊し「うまくいかないのは自分のせいではない」とする他責文化も芽生えます。社長も平常心を保つのが難しくなり、荒れることもありますので、必然的に社内には保身文化が芽生え始め、荒ぶる社長に思考を停止させてしたがう、「社員のロボット化」を加速することもあります。
　この成長の鈍化により収益性が悪化してきたタイミングによく行なわれる、好ましくない打ち手のひとつが「うちの社員は経営者意識がない。全員に経営者のマインドをもたせる」と社員の給与を業績連動型にして、実質的な減給が起きることです。
　たしかに急成長期には、まるで青天井のごとく給与が上がることがあり、この局面で給与水準の補正が必要になっている場合があります。
　しかし、そこまで給与水準が上がっていないにもかかわらず、「経営者教育のつもり」「親心という大義」で「君たちが頑張れば、以前をこえる報酬が得られる」と一見、業績連動型に見える給与制度を導入してしまうケースがあります。
　社員側にすれば、このときに、仮に意識だけは経営者並みに「なんとかしたい」と思っていても、社内には、まだ健全に廻るPDCAの仕組みもなく、自分のアイデアを実行に移すための手立てやお膳立てがないのが現実です。
　結局、ただ給与を減らされただけで、経営層への不信感のみが残ることになります。

社員に経営視点でアイデアを出し、打ち手を立案、精査して、実行できるようさせたいのならば、それができる環境、つまり活躍の舞台を整備するのは経営の役目です。つまり社員のPDCAが廻らなくなっているのは、社員がPDCAを廻せる土俵づくりを経営側が怠っているからであり、その整備なしに、給与制度を操作して「圧」だけをかけても、士気だけが下がって結果も出ないままに終わります。

　このように、**かつて真摯にPDCAを廻して成長軌道に入ることができた企業が、組織が大きくなるにつれてPDCAが廻らなくなり、そのことの深刻さを経営側が意識していないことが理由で低迷状態に陥ってしまった事例は、あまりに多く見られます。**

　国と同様に企業も、表面上は外部からの侵攻、つまり市場における競合に、売上げをとられたように見えます。しかしながら、その実、思惑の蔓延などで事業体としての機能不全が起こり、外部との戦いをまともに行なうこともままならない状態になっていたというのが多くの場合、本当の理由なのです。

2 PDCAの出発点であるPの立案精度が低い

　例えば社長が「うちも、世界で最も大きな市場に成長する中国でビジネスを行なう」と言い出し、ビジネス展開を始めたとします。

　社長が言い出し、進出の意思決定がなされたあとであっても、その企画（P）は書面にまとめ、「なぜ、やるのか。そしてなぜ、そのやり方をするのか」を明確に記しておくべきものです。しかし現実には「もう、やることが決まっているんだから、そんな企画をまとめる時間などムダだ」と役員や部長に言われるのが関の山なのでしょう。

　結局、やると決めたときの前提条件などの議論があったはずなのですが、それを理に適った形で残していないまま、実施に移行してしまいます。

　中国にかぎらず、海外市場での展開は一般的に未知の市場であれば、適切な情報収集と、戦略立案をしたとしても、「読み」の部分の割合は増えますの

で、その難易度は低いものではありません。当然のこととして想定していなかった事態に多々遭遇し、億単位のお金をつぎ込んだ中国事業から撤退を決めた日本企業は数多くあります。

企画（P）が、ずさんであれば、失敗する可能性が高くなるのは当たり前です。ここで最も重要なことは「この進出の決定から撤退までの一連の流れにおいて、企業は何を学習してきたのか」という点です。

PなくしてCならず

そもそも、理に適った企画（P）がしっかりと存在していれば、企画段階との比較を行なって、実際の状況とどのようなギャップが発生しているかを明らかにすることができます。

「市場のポテンシャルを読み誤った」
「市場のターゲット顧客層のプロファイリングを間違った、あるいは十分ではなかった」
「物流に予想以上のコストがかかった」
「セールスフォース（営業部隊）が意図通りに機能しなかった」
「現地のパートナー選びを間違った」

こうした問題点を特定できれば、打ち手の修正の議論に進めることができます。海外展開の失敗事例を見ていくと、「現地に権限の移譲ができていないために、素早い対応ができずに、好条件のビジネスチャンスを逃してしまった」などということは現実には多々あります。

作法通りのPがなければ、失敗からの学習すらできない

このように、実施決定に至ったプロセスが明確になれば、読み違いがどこで起きたかなど問題点が特定でき、撤退を決める前にも、その課題の難易度を評価して、致命的なのか、あるいは、どういう修正の手を打って継続する

のかを明確にすることができます。

そして仮に撤退を決めたとしても「現地の権限を強化する」などの克服課題が明確になり、次回の同様な挑戦の際には成功確率が高まります。

ところがもし、しっかりしたPがない場合はどうなるのでしょうか。

中国進出であれば、大方の場合「やっぱり、中国ビジネスは難しい」で議論を落ち着かせてしまい、さらにひどい場合は「うちには海外展開をする力はない」などという、非常に粗っぽい結論にしてしまいます。そして責任者、担当者に「プロジェクトを失敗させた者」の烙印をおして、あたかもその人材だけに問題があったかのように片づけて終了になります。

こういう会社にかぎって、自社の取り組むべき本来の課題が放置され、そして、また、ほとぼりが冷めた頃に、次の社長あたりが「弊社も海外に進出をすべきだ」と言い出し、再び同じことを繰り返す……。

こういう例を、現実にはいくつも目の当たりにします。せっかくの大金を投じたプロジェクトから、企業としていったい何を得たのか……、失敗の理由を明確にせずに、単にその責任を誰かに押しつけて終わるという、なんとも不条理な話になります。

これが、企画作業（P）を、必要な作法通りに行なっていないために検証（C）ができず、企業も学習せずに終わる典型的な例のひとつです。

社長とて、金をかける意思決定を行なった責任は十二分に理解しています。よって撤退の意思決定の前に、なんとか巻き返しを図りたいと思うのですが、書面化された進出戦略（P）をベースにして、局面ごとの実態と意味合いの把握ができていないと、どうにもはじめの意思決定を行なった前提があやふやになり、その後も場当たり的な判断になりがちです。

「仕事ができる」＝適切な仮説立案＋着実な調整能力

結局、企業にとってもPDCAを廻して学習できる機会をみすみす逃し、自社の克服すべき課題の分析、すなわち「見える化」もせずに、終わってしまうことになるわけです。

そもそもPDCAを精度高く廻してさえいれば、正しく経験を積むことがで

きますので、人も企業も、あるいは行政組織であろうが学習をすることができ、必然的にその能力は上がります。

「仕事ができる」は言い換えれば、「すばやく的確な仮説を立案する能力が高く、調整の判断を行ないながら着実に結果に導くことができる」ということです。よって、PDCAを廻すことさえできれば、Pの立案精度そのものが必然的に高くなり、「仕事ができるようになる」ということになります。

人手とお金の消耗戦──「思いつき」連発の成れの果て

S字の成長曲線の経験が1回だけの、まだ歴史の浅い企業の社長さんたちが「うちの会社はCがないんです。PとDの繰り返し、PD、PD……、ばっかりなんです」と言われることがあります。

しかしながら、Cができない一番の理由は、Pに必要な作法が踏襲されていないがゆえに、Cの行ないようがないからです。

「ならば、思いつきのアイデアだけで実施しているから、うちはアイデアのIでID、ID……、を繰り返しているわけですね」と言われた社長さんがいたので、こうお答えしました。

「アイデアと呼べる価値のあるものならば、成功確率はもっと上がっていたはずでしょう？ いまだに成功しないのならば、それは、価値のあるアイデアではなく、ただの思いつきであったり、どこかの企業で見たり、聞いてきた策を、その成功の前提も調べもせずに自社にもってきたりしているのではないですか。そうであれば、ただの『思いつき（Just an Idea）』だから、JD、JD……、ですよ」

闇夜にむやみに鉄砲を打っても、的に当たるものではありません。

むしろ弾を、当ててはいけないところに当ててしまうリスクのほうが高いといえます。

もし社内でトップや、力の強い上司の思いつきや、どこかで行なわれている事例をそのまま実行するように指示された場合でも、周辺のスタッフ役は、必ずその案の有効性も含めた検証を行ない、企画（P）に組み立てあげる作業

から始める必要があります。
「あの、うちは考えることさえ放棄しているようなところがありまして……、ひたすら、Do、Do……、なんです」
こう言われた企業もありました。
組織に、余分なリスク回避の癖がついていない分だけ、ひょっとするとこの会社のほうが、早く健全化するのかもしれません。

成功や失敗の因果がつながらない

「事がうまくいった」ということは、

・読み通りにすべて、事が進んだ。あるいは一部読み違いがあっても大きな影響はなかった
・読み違いがあったが、その原因はすぐに特定することができて、修正行動により成功に導くことができた
・たまたま偶然にうまくいった

この3つのどれかで、前者2つに当てはまるケースが多いはずです。
つまり理をもって立てたプラン、あるいは理をもって検証してあるプランは、現状把握から意味合いの抽出、施策の決定までの一連のステップをきちっと踏めているということになります。

CとはPのどこに読み違いがあったのかを特定すること

そして、うまくいかなかったときに「検証（C）を行なう」という行為は、「企画（P）のどこに読み違いがあったのかを特定する」ということです。
すべての企画（P）には、What（何をする）、Why（その理由）、How（どのように行なう）が含まれている必要があり、特に、PDCAを廻す際には、このWhyが重要です。この企画（P）については、かつてTQC（全社的経営品質）が展開されたときに広く使われた作法（図表3-2）が、PDCAを廻す前提で考

図表3-2　TQCで使われた、企画Pの作法の例

（例）企業戦略の立案の場合

現状把握	過去、現在の施策とその結果を「見える化」し、その企業、組織の強み、弱みや、組織の持つ「くせ」などを明らかにする
意味合いの抽出と、解の方向性の明確化	現状把握から明確になった因果から、課題を明確にし（Issue Definition、課題定義）、取り組むべき課題を特定する
施策の決定	施策案をメリット、デメリット、効果などの面から評価し、実行案を決める
実行計画	ガントチャートなどを用いて実行計画を策定。進行状況の確認、報告のタイミングも入れる

えたときの手順としては、わかりやすいといえます。

　プロの経営コンサルタントが、戦略の立案（P）に着手する際にはじめに行なう「時代分析」では過去の施策の検証（C）が中心になります。これを行なうと、企業の習慣や癖になっている考え方、行動パターンなどを明確にすることができ、その企業自身も気がついていなかった強みや弱みが明確になっていきます。

　言うなれば、中長期スパンの経営視点のPDCAのための戦略立案（P）のための過去の振り返り（C）なのです。

因果がつながらないどころか、間違った因果を学習する

　この手順を踏む作法を習得しないと、失敗に至った因果が正確につながらなくなり、感覚だけの判断ばかりがなされ、因果のつながっていない知見が横行することにもなりかねません。

　これは企業だけではなく、例えば国の政策などでも、事実をベースにした分析で真因を追求することなしに終了させた場合、憶測レベルでの総括が

残ってしまい、世の中に間違った因果が「学習」として広がるということを引き起こします。

　先ほどの例のように中国進出がうまくいかなかった企業が、しっかりした検証（C）なしに「もう、海外進出はこりごりだ。うちには海外進出する能力はない」という結論を出す例は多いのですが、そもそも海外進出といっても国ごとに難易度も押さえどころも違います。
　たしかに中国市場は、海外展開について素人の状態の企業が出て行くには、いろいろな意味で難易度が低いとはいえない市場です。
　しかし、中国でもうまくビジネスを展開する道を切り開いているファーストリテイリングやイトーヨーカドー、無印良品などの企業もあります。それを一律に「中国は難しい」と決めつけてしまうのは乱暴すぎます。そもそも、展開のシナリオをしっかりと検討したのか、つまり企画（P）を作法にのっとって行なった上で、正確な情報に基づいて「自信」をもって舵取りをしたのか、ということなのです。
　現実に海外展開を行なっている企業は、そのさまざまな経験の中から学びを得て、そこから自分たちにとって最も適切という方法論、成功則を見出しています。
　アトランタに本社を置くザ・コカ・コーラ・カンパニーが海外展開を行なう際は、まず本国直轄の企業を展開先の国に設立します。日本では日本コカ・コーラ（Coca-Cola Japan Company）をつくり、瓶などの容器詰めを行ないスーパーマーケットなどの販路に配送を行なうボトラー企業に飲料の原液を卸します。日本をいくつかのエリアに分け、それぞれでのエリアで、日本の有力企業にボトラー企業として声掛けを行ない、エリアの展開権を与えます。そして製品をしっかりと店まで配送できる配送網をつくり上げ、確実にビジネスを根づかせることから始めました。製品を展開する先を開拓し、欠品を起こさないように配送できるオペレーションをしっかり行なえるパートナーたるボトラー企業には十分な利益も配分されているため、上場を果たすボトラー企業もいくつも出ました。

「餅は餅屋」

コカ・コーラ・システムとして、それまでの海外展開の経験則から、まず適切なパートナーを探して、自分たちには不得手な部分はやってもらい、利益も渡すというのが、最もうまいやり方であるという学習をしたわけです。

そして、十分に行き届いたあとは、今度は本国側のイニシアティブのもとに、それらを統合して収益性の高い事業体をつくり上げていくという見事な基本スキームができ上がっています。

"ソリューションスペース"の定義を誤る

これは長期低迷にあがいていた、ある大手の眼鏡小売業の郊外型チェーン店の事例です。

この会社では創業者のトップが「費用対効果が圧倒的にいいから」と、集客のための販促手段をDM（ダイレクトメール）だけに集中しました。

郊外型の小売店の集客手段として代表的なものは、新聞のチラシ折り込みとDMの2つです。

DMはすでに顧客名簿に載っている顧客に届きます。自店のことを知っていて、ある程度の信頼関係がある既存の顧客に届きますので、レスポンス（ここでは受け取って来店される顧客の比率を示す）は高くなります。一方、新聞の折り込みチラシは、眼鏡を買う気のない方や、そもそも眼鏡をかけていない方など不特定多数に届きますので、効果としての来店率は下がります。

もともと、眼鏡は購買サイクルの長い商品です。この会社の創業者も、おそらくかけた費用に対して、販促のなかったときに比べて増えた分の売上げを推算して、かけた費用に対する粗利の増加分を計算し、比較して結論を出したのだと思います。

しかしながら、このDMは一度来店されたことのある、既存顧客だけにしか届きません。なんらかのかたちで、口コミや、既存顧客による新規顧客紹介のような仕掛けでもしないかぎり、お既存のお客様を対象とするだけでは客数は減りこそすれ、増えることはありません。現にこの会社では、同じお客様

に年に5～6回もDMが届いていたそうです。一般の方の眼鏡の購買頻度は、どんなに短くても2～3年に1回ですから、かなりプッシュ式の来店促進になっていたと思われます。

おそらくこの社長は、集客のための販促企画のプラニング（P）において、どの施策でいくかという意思決定の際に分析を行ない、費用対効果だけを見て、DMがよいという結論を出していたのでしょう。しかしながら、その前段階の、どの市場にリーチすべきかという点において、市場には既存顧客だけではなく新規顧客がいるという点を見逃していたか、重視していなかったのだといえます。おそらく既存顧客の名簿がしっかりとあるために、そこを有効活用すればいいと考え、現実にはその顧客たちは他の店にも買い回っているという観点はもっていなかったのでしょう。

顧客は新規顧客と既存顧客に分けることができ、一般的に新規顧客の獲得、開拓には大きなコストがかかります。

一方、一度、自社の製品やサービスの購買、利用経験がある方は、ご自身が満足されているかぎりは比較的容易に、リピート顧客になってもらえます。よって既存顧客を大事にして、囲い込んでいくことは大変重要なことなのですが、既存顧客が新規の顧客を呼び込んでくる仕組みでもつくらないかぎりは、既存顧客の購入頻度が一次的に増えることはあっても自然に客数が増えることは、飽和状態の郊外型眼鏡店市場ではありません。

よって「いかに新規の顧客を増やしていくか」そして「その手立ては、効果的か、効率的か」を常にPDCAを廻して、追及していかなければなりません。

この例では「集客を増やす」という打ち手を検討する際に、客数を新規顧客と既存顧客に分けて考えることをしなかったことが問題です。

このように事業の問題解決を行なう際に、念頭においておくべき範囲、打ち手を考える領域のことを「ソリューションスペース（仮想の問題解決空間）」と言います（ソリューション・スペースについては第5章でくわしく解説します）。

このソリューションスペースをよく考えず、目の前の数字ばかりに注力して、判断を間違った例は、世の中に数多くあります。

また、別の小売チェーン店の事例ですが、「売上げを上げるためには、チラシを入れろ！」と新聞の折り込みチラシの枚数を増やし続けたのはよいものの、同じ家庭に土曜日、日曜日と2日続けて配布してしまい、なんとそのとなりのブロックの世帯には一度もチラシが配られていませんでした。

　かつてはチラシの数が売上げにそのまま直結していた時期もあったのでしょうが、競合状況が激しくなるにつれ、さらに他社よりも進んだ方法論（PDCAのA）に知恵を使う必要は出てきます。

　PDCAを廻し、必要に応じてソリューションスペースも見直し（A）、かつ戦い方も、「ただ、チラシの数を増やす」のではなく、「より、上手な配布方法も考える」必要が出てきます。

　眼鏡小売業チェーンの社長も本当は、これらのことは百も承知の上で、それでも当面の手元の利益、キャッシュフローをなんとかしなければならないと、単年度のことだけを優先しなければならないほど、追いつめられていたのであろうと考えたいものです。

閑話休題11

眼鏡の小売市場が大幅に縮小した理由

　日本の眼鏡の小売業の事業規模は2000年代はじめには、7000億円ほどありました。高齢化が急速に進み老眼市場が爆発的に広がるという社会背景のもとに、遠近両用に代表される高額品の累進レンズの市場が拡大するということもあり、当時、日本の眼鏡市場は市場の拡大が見込める、極めて有望なビジネスであると考えられていました。

　よって、SEIKOやHOYA、ニコンなどのレンズメーカーも、厚さが一律ではなく変化のある特殊な設計の累進レンズを、さらに視界を広くして、使いやすくして進化させるために研究開発費を投じていました。

　もともとは、眼鏡の小売業は粗利率の高いビジネスです。

　そこに単価の低い、シンプルな設計の通常の近視、遠視、老眼用の単焦点レンズのみを使った眼鏡で、ZOFF、JINSが単一価格での安売りを展開し始めました。

ところがあるとき、大手の中では劣勢だったメガネトップが始めた単一価格業態である「眼鏡市場」において、本来高価なはずの遠近両用に代表される累進レンズを、単焦点レンズと同じ、統一の低価格での提供を始めたことで、市場構造は大きく変化をしました。

累進レンズとは、一枚のレンズの中での焦点距離が変化させてある、複雑な曲面の設計がなされており、その中で最も一般的に使われるのが、レンズの下の一部分のみ、手元が見やすい度数にしてあり、それ以外の部分で遠くが見えるようになっている、遠近両用レンズです。

この遠近両用レンズの中では性能の限られた普及タイプのレンズではあったものの、眼鏡ビジネスにおいて、最も大きな市場セグメントである累進レンズの粗利幅を削って提供を始めたわけです。

さらに、こともあろうに、本来累進レンズの高い処方ノウハウをもち、そのノウハウで差別化ができる既存の大チェーン企業までが、「右へ倣え」とその価格に合わせていきました。かくして業界全体が自分たちの首をしめる戦いに向かって走り始め、日本の眼鏡の市場規模は瞬く間に4000億円台にまで縮小し、一挙に不況産業と化してしまいました。

これは、普通の寿司屋が回転寿司に押されていった状態とはわけが違います。回転寿司は、手間を省き、効率化を図って、製品原価を下げなくても利益が出るようにしたビジネスモデルです。これによって、世の中の一般の人にとっては寿司を食べる頻度が上がり、寿司市場の拡大につながりました。

ところが眼鏡は、頻度品、消耗品ではなく、一般の人には、ある期間にひとつだけ買えば事が足りる低頻度購買商品です。眼鏡ビジネスの真骨頂は、40代半ばからほとんどすべての人が自覚を始める、年齢による眼の水晶体の硬化、いわゆる老眼が始まったときから、硬化の収まる60代までの間に、多種多様な性能をもった累進レンズを処方して提案できる市場です。

累進レンズには、遠近両用レンズだけではなく、デスクワークの多い人たちに向く「中近レンズ」、デスクワーク用の「近々レンズ」などさまざまなものがあり、この提案力を磨くことにより、市場が大きくなることが大きく見込まれていたビジネスだったのです。

さらに、同じ遠近両用レンズでも、価格によって性能に大きな差があります。
　本来は、老眼が進むにつれ、ひずみがより少なく視界も広い高性能レンズや、レンズの種類、特性によってオケージョンごとのさまざまな処方を提案するべきビジネスなのですが、その提案力、発信力を上手に磨き上げることもない状態で、人件費を圧縮する状態になってしまいました。結局、世の中の多くの老眼人口は、高性能なレンズの存在を知らず、心地よさ、使い分けの便利さを体感することもなく、「年をとると、遠近両用レンズというものを使ってもこんなものか。不便なものだ」と視界の狭い世界に慣れてしまっているのが今の日本の眼鏡人口というわけです。
　これはPDCAのPの戦略立案において、市場で起こりうる因果、そして先読みすべきであった因果を意識することなく、とにかく、目の前の売上げの勝負に「勝った」「負けた」と策を打ちだした、近視眼的な業態（＝戦略）設計の結果です。
　同じようなことは、かつて米国における郊外型紳士服店のビジネスでも起きました。
　米国郊外に展開していた紳士服店舗チェーンは、粗利益を削って売上げを取り合う破滅的な戦いを展開した末に、そのほとんどが消えさってしまい、今では、安価なスーツは、日本のイオン、イトーヨーカドーに相当するJCペニーのよういわゆるGMS（General Merchandising Store）で主に展開されている状態です。
　日本の郊外型店舗の紳士服ビジネスは、かつて米国の郊外にあった紳士服店舗を真似て始まったものであり、米国で起きたことから学び、その轍を踏まぬよう、粗利益率の管理を重視しています。
　いったん市場を縮小させてしまった眼鏡業界ですが、高齢化によりますます拡大していく老眼市場への「より視界が広がる」価値を伝える次なる提案をどこが行なえるかという、まさに新戦略（P）が求められているビジネスなのです。

現場主義の欠如――「空のバケツ」が並んだ企画書

　企業内で作成した企画書を見ると、たしかに非常にきれいな見た目によく

図表3-3 「バケツ」と「中身」

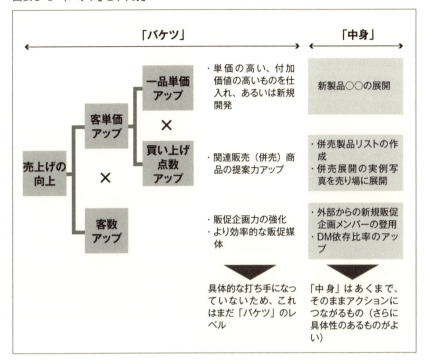

できあ上がっているものの、具体的に何をするのか、さっぱりわからないものになっていることがあります。

「最近は、既存店舗の客数の減少が顕著ですので、販促をさらに強化して集客を増やします」

例えば、このような報告がなされても、前半部分の前提が本当に正しいのか、そして具体的に何をしようとしているのか、そして、今までと何が違う新しい効果をねらっているのかなどは、まったくわかりません。

フレームワーク（枠組み）としては論理的に正しくきれいにできているが、その内容が具体的にはわからない、こういう資料を「バケツ（Bucket、かご、入れ物の意）が並んでいる状態」と言います（図表3-3）。年度方針などは本来、その施策については具体的に表現して資料に落とすべきものです。

ただし、その報告の場が形骸化している企業や、マネジメントの精度が高

くない企業では、「バケツが並んだ」だけの資料がまかり通っている場合があります。

客数減についての記述であるならば、「客数が減っていると言っても、それは新規顧客なのか、既存顧客なのか、何％なのか、そしてその理由は何なのか？」

最低でも、これが記載されている必要があります。また「販促の強化」についても、具体的に、何を根拠に、何をどのように変えようとしているのかについて記述されていなければいけないはずです。

もし、顧客の満足度が高くリピート率の高いビジネスであれば、新規顧客の誘致策が優先されることになります。

高学歴で小器用な社員を本部スタッフとして擁している企業では、まさに「バケツ」ばかりが上手に並んでいる資料が横行していることがあります。

その部門の担当役員や、事業部長から「適当につくっておいてくれ」などと言われて、現場での問題の実態把握もさほど行なわずに作成し、そして発表の場でも聞いているトップのほうも実は、さほど真剣に聞いていないという、まさに報告の場が、形骸化している状態です。

そもそも本部スタッフと呼ばれる機能は、とかく市場や現場からの距離ができてしまいやすいものであり、本来、事業部の資料なら事業部長が自らの意思を込めて作成すべきものです。

経営企画室は、年中行事のひとつとして、各部門の年度計画（P）の確認会議を開催します。

そこで握るべき計画数字については、パワーゲームさながらに必死の攻防が繰り広げられる一方で、その年度の数字の変化を決める肝心の施策（P）について、肝心の具体性や効果、難易度の議論がほとんどなされないことがあります。

かつて「成功した創業者」が社長のときは、資料が精緻に記述されていなくても、的確な質問を行なうことで、その事業の状況がほぼ把握できたはずです。それが社長の代が変わり、かつ市場も成長期ではなく、変化してしまっている状態であれば、本来、数字の検討の場にも進化が必要になってい

るはずです。

　年度の計画会議、あるいは予算会議は、本来、年間の事業運営をトップと握る極めて重要な会議ですので、そこでは施策についての議論、確認がしっかりと行なわれなければなりません。

　そこで使われる資料にしっかりとしたフレームワークとして、「バケツ」が並べられることは重要なのですが、最も重要なのは、その中に描きこまれるべき、現状の分析と施策の必然性、具体性、つまりバケツの「中身」の鮮度と精度です。

　中身をしっかりと描く指導は、トップ周りのスタッフ機能が行なわねばならず、そして、わかりやすくなった資料について、しっかりとした事業観、方向性、そして理に適っているのかを確認し、経営の方向性についての意思を伝えるのは、トップの役目です。

　経営コンサルティング会社が作成した戦略なども、出来の悪い場合は、深掘りが不十分なままに、「バケツ」と、べき論ばかりが並んでいることがあります。リアルな事業観のもとに「中身」が記述されていないと、いざ、実践の段階になると、使いものにならないということになります。

3 | 最も重要な「PDCAの実践設計」の軽視

　仮に低迷状態にある企業が、外部の指導もあおぎながら、自分たちにとっても腹落ちのする戦略を手にすることができたとします。

　そして社長に答申し、社長も「早速、これをやろう」と喜び、この戦略を部長会、全社大会で発表して、改革の機運を盛り上げます。

　ここまではいいのですが、本当の難題はその先に待ち構えているのです。

コンサルティング会社の立案する戦略が役立たないとされてしまう理由

　日本の企業の経営者を大きく分類すると、以下のようになると思います。

・たたき上げの「成功した(あるいは成功すべく頑張っている)創業者」
・企業再生ファンドに指名された経営者
・外資系企業の経営者
・オーナー企業にてヘッドハントされた経営者
・一般社員から上がってきた生え抜きの経営者

　日本企業において圧倒的に多いのは、この中では最後の「一般社員から上がってきた生え抜きの経営者」であり、前の代の経営層から指名されたこの方々は「和」を重んじる傾向が強くなります。
　ところが、現代のように経済発展が進む国が増えて活況状態にあるグローバル市場、そして変革が必要な事業環境の下では、成長機会を切り開くためのさまざまな新しい挑戦が求められます。そして新しい成長基軸をつくるためには、既存の仕事とは異なる取り組み、すなわちさまざまな改革ごとが必要になってきます。
　日本では多くの経営トップは改革の場数が多くはないのは間違いありませんし、社内に改革のリーダーシップを発揮しやすい環境がある企業も多くはありません。
　そして戦略や事業方針の実行にあたっても、結局は部門に年度の目標数値のみを渡し、丸投げしてしまう場合も多いです。
　そうなると、ただでさえ日々の業務で忙しい現場を抱える部門は、さほど悪気もなく「それはそれ」と事業戦略を記述した資料は横において、日々の業務に没頭していきます。
　戦略を手にしてから半年ほどたって、トップが「あの戦略、どうなっているのか」と言い出したときは、戦略資料の上にはもう他の書類も置かれて「積んどく」状態になっています。あるいは部長たちも「せっかくお金をかけてつくったのだから、参考くらいにはしようか」と一部の施策だけをつまみ食いのように実施しますが、これではとても戦略の実施とはいえない状態です。
　そもそも初期仮説である戦略(P)は、実行(D)しながら経営全体の視点からの確認(C)をして修正(A)が入り、はじめて機能していくものです。し

かし常に「人、性善なれど、性怠惰なり」なものです。

部門の責任者たちも、改革が必要だとはわかっていても目先の業務に忙殺されて過ごしているほうがはるかに気楽なものです。

かくして、せっかく外部の経営コンサルタントに依頼してつくった戦略プランであっても、時間と共にトーンダウンしていき、何も変わらなかったという事実のみが残ります。

結果、日本企業では「高いお金を払って立案してもらった戦略は役に立たなかった」と言われて終わっていることが非常に多いのです。

戦略実践のプロセスがつくり込まれていないから、組織は動かない

これは、企業側の戦略の実践体制づくりの軽視、そして経営コンサルタント側の日本企業に向く、実践の設計と指導を行なう力量の不足に起因します。

戦略は企業改革や新たな成長基軸をつくっていくためにつくられた、事実の分析に基づいた精度の高い初期仮説に過ぎません。

いくら現状把握や分析がしっかりしていても、打ち手の部分などについては具体的に記述されればされるほど、当初の「プラン」の中には多かれ少なかれ、読み違いが発生します。

現場視点で考えると、明らかに「こんなの、やったらまずいんじゃないの」といわれる打ち手が、本社から指示されてくることがあります。特に一部の外資系企業などで顕著に見られることですが、これは市場から離れているという理由に加え、期末、四半期末の数字の帳尻合わせも絡んで、日常茶飯事のように見られる光景となっています。

結局、特に日本企業においては、**戦略が精度高く的確に実践できるようにするためには、現場に至るまで、それが咀嚼できていることが重要です。**

改革のための戦略の実践を阻む大きな要素となるのは、人の「思惑」です。

現状を打開して、新たな成長基軸をつくっていく戦略は多かれ少なかれ、現状のやり方を変える改革が必要になりますが、そもそも改革とは、今、存在する秩序を変えることです。

図表3-4　PDCAの実践設計

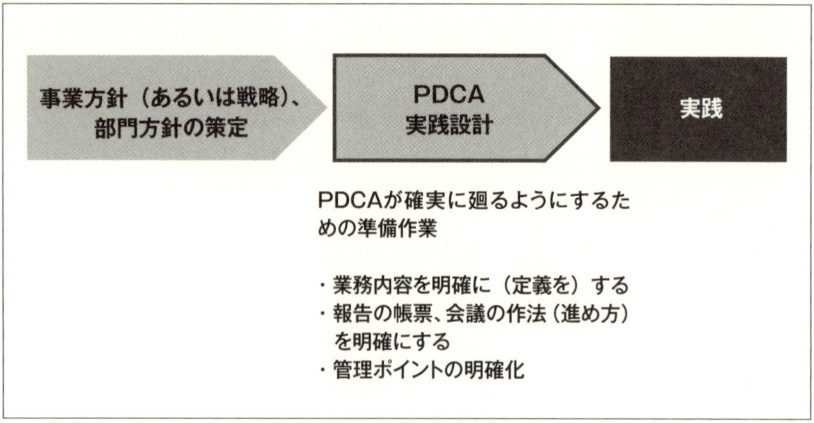

事業方針（あるいは戦略）、部門方針の策定 → PDCA実践設計 → 実践

PDCAが確実に廻るようにするための準備作業

・業務内容を明確に（定義を）する
・報告の帳票、会議の作法（進め方）を明確にする
・管理ポイントの明確化

　人は、本質的に変化に対して恐怖を感じるものです。

　よって、この実践のためのプロセス、すなわち「PDCAの実践設計」をしっかりと詰めてないと、まず戦略は精度高く実践されないと思っていたほうがいいといえます。

　強いトップダウン体制をとらない多くの日本企業においては、まずはWhy（なぜ？）を投げ合うファクトベースの議論を通じ、戦略そのものに対する共感と合意形成を行なうこと、あるいはトップが本当に自信をもって戦略実践の指揮をとれる体制づくりが必要になります。

　本来、ここで行なうべきであったのは、自社のイニシアティブでしっかりつくった全社戦略立案（P）のあとに、次の2点を確認すべきなのです。

・全社戦略（P）を、部門別にしっかりと自らやるべきこと、つまり部門別の施策（P）に展開し、トップと施策のイメージが共有できるまで十分なすり合わせを行なった上で、各部門が実行できるかたちの実行案をまとめさせ、トップあてに発表させる
・そして、社長と経営層が、全体観からバランスを見て、その方針を判断した上で、定期的な実行状況の確認（C）の場にて、描いていたイメージ通りに進んでいるのか、日々の舵取りの中での変更項目は何かを確認する

こうした動きが、正しく機能するように段取りをつくり込むことが「PDCAの実践設計」になります（図表3-4）。

上司の指示をそのまま行なう「実行力」と、状況に応じて自律的に舵とりを行なえる「実践力」の違い

　PDCAの廻っていない企業、すなわち、本当の意味での実践力のない会社ほど、組織でPDCAの精度を上げて実践する手順の組み立てを軽視しがちです。

　S字曲線の成長期の成功体験だけをもってマネジャーや役員になった方々が幹部層に多い会社の場合は、特にその傾向が強くなります。

　この成長期には市場に勢いがありますから、「出せば売れる」「商談さえできれば売れる」ことも多く、その代の方々は自身の成功体験に基づいて、例えば「とにかく訪問回数だ」などを実体験に基づいた成功則としてもっています。

　ところが市場は常に変化し、市場の要望も進化するという前提が、ここでは忘れられています。

　この成長期に昇格した人たちが部長、経営幹部レベルに多い会社は、このPDCAを廻す体制をつくる「PDCAの実践設計」を軽視しがちになります。この方々は、市場の成長期に、営業活動などの実行をしっかり行なうことによって、成長に寄与して今のポジションを得ました。担当部門の実績はあがっていても、事業を成長させるためのPDCAについては、自らイニシアティブをもって廻していなかった場合があります。

　この世代の方は、トップから「言われたことをやりきる、実行力のある連中」と評価されているものです。よってトップは「戦略さえあれば、彼らはそれを実行できる」と思い、トップも自分が采配を振るえると考えています。しかしながら一般的に、市場でのビジネスの難易度はかつてより高まっています。トップだけではなく、現場担当者も戦略を自分のものとして理解して、ハンドルを操作し、ブレーキ、アクセルをこまめに使い分け、進むべき道である

シナリオの修正も行ないながら進めなければ、戦略の実践などできるものではありません。

　経営コンサルタントが企業から依頼されて指導を行ない、戦略や中長期計画を作成し、社長も「これならいける」と思えるものができ上がったあとに、「我々は、実行力がありますから、あとは自分たちでやります」と言い出す企業があります。特に市場の成長期をつくった、あるいは経験をした方が意思決定に影響を与えている会社ほど、その傾向が強くなるようです。しかしながら現実には、そのほとんどすべてが実行段階でつまずきます。

　PDCAを廻すためには、的確に「見える化」された検証（C）のための帳票や精度の高い会議体の設計が必須になることにも、なかなか気がつかないようです。

　本人たちは、自分たちも十分腹落ちをした、非の打ちどころのない戦略を手にしているのにもかかわらず、なぜ実行できないかがよくわからず、頭の上にクエスチョンマークが飛び交っている状態になり、最後は「経営コンサルティング会社は役に立たない」「戦略が悪い」という結論になるようです。

　かくして、PDCAが廻らずに低迷状態に入った会社は、戦略を手にしても、PDCAを廻すために必要な術を知らないがために、成長軌道入りどころか、低迷を抜けることもできないことになります。

　会議体、報告のための「見える化」された帳票と書き込み方の作法、業務フロー、そして発表の仕方を含めた運営の作法をしっかり設計し、PDCAのドライブになる場である会議体を正しく機能させる「PDCAの実践設計」を行なう必要があるのです。

4　創業者のワンマン型の事業運営から脱却できない

　「成功した創業者」は限られた人手と資金の中で、まさに当事者としてPDCAを廻しました。つまり、この「成功した創業者」自身がPDCAを廻してきたわけですから、事業全体視点での、すべての経験とノウハウは「成功

した創業者」に蓄積されていきます。

　仮に幹部や部下が、「社長、それについては私によいアイデアがあります」と言ったとしても、ほとんどの場合、創業者にとっては自分なりに考えたことがある策であったり、すでに実施したことがあったりして、学習が終わっていると判断している打ち手です。

　それを再びやること自体に意味がなく、時間のムダと考えますので、とりつく島もなく、頭ごなしに否定してしまうものです。

　かつてナポレオンは、戦局のすべてを自分あてに報告をさせて、すべてを自分で判断したといわれています。創業者トップはこのタイプになる方がとても多いのです。

市場よりトップが好む判断にしたがう「ロボット化」した組織

　たしかに、初期の人材も資金も限られている中で事業を成長軌道に入れ、ある程度安心な状態にもっていくまでは、当事者意識が最も強いトップ自身がPDCAを廻していくのが最適です。

　ところが、この組織運営は多くの場合、独裁国家同様に社内を思考停止状態にしてしまい、ものを考えない「ロボット化」した組織をつくってしまいます。つまりトップ以外は単に言われた通りに実行する人たちとなり、考える仕事はすべてトップが担うことになります。

　トップは、自分が意思決定のために考え検討を行なう会議の場に、幹部を同席させ、経営者としての教育の場にしていると考えるものです。ただし、これだけでは、ビデオや映画を見せているようなもので、自分の頭で考え、実行する勇気をもち、結果から学習する訓練にはなりません。

　商品企画、販促企画機能をつくったとしても、結局、それを承認するのはトップです。たいがいの場合、トップは承認にあたって、市場が評価してくれるか否かと共に、トップ自身の事業観や好みが反映されます。企画を行なう側も、トップからNGを出され続けては、いかに理に適ったものとはいえども、限られた時間の中で他の仕事をこなしていくためには、あるところで妥協

をせざるを得なくなります。

　結局、ほとんどの企画担当者は自分の信ずるものを通すよりも、トップは何が好きかを追いかけざるを得なくなります。

　これが何度も繰り返されると、**商品企画、販促企画などの仕事については、市場に受け入れられるアウトプットを出す能力よりも、トップが好む企画を出すための能力のみが、自然に磨かれていきます。**その企画が市場で受け入れられなかったとしても、トップは自分の意向を無理やり押しつけたことをわかっていますから、その失敗についての責任追求は行なわないものです。

　仮に、企画担当者がトップの意向とは違うものを自分の判断で押し通して市場に展開したとします。その場合、うまくいけばいいですが、失敗した場合は強烈な叱責を受けるのはわかっていますから、限られた業務時間の中、「要領を覚えた」賢い企画担当者は必然的にトップの好むものを追いかけるようになります。

　ところが、市場はさまざまな要因によって変化をしていくものです。

　トップが大きくなった組織をすべて自分で動かし、判断しようとしても、市場の状況が的確に報告される体制が整備されていません。さらに社員は、下手に自分で判断すれば怒られると思っており、トップにしたがうことしかしませんから、自ら PDCA を廻す能力は培われません。

　創業者トップが社長をやっている企業がいったん成長の頭を打つと、その後、なかなか再浮上できないのはこのためです。トップひとりがあがき、時には錯乱したようにもなり、社内は急発進、急ブレーキの連続状態になり、混乱、疲弊していきます。

　そして優秀な社員ほど嫌気がさして、トップの機嫌を損ねぬように笑顔のままに会社を去り、トップの気がつかぬ間に、企業の力は弱まっていきます。

創業者と後継者の摩擦を避ける工夫が必要

　この低迷期に入ったタイミングで息子などに社長の座をゆずる創業者もいるのですが、新社長は創業者ほどの経験はありません。

新社長が経営者として力をつけていくためには、自分で考え、自分自身でPDCAを廻して学習することが必要なのですが、社内はまだ、新社長よりも創業者を見ています。当然、お手並み拝見、という感じですから、新社長は失敗をしないように神経を使わざるを得ません。

　組織運営に関する創業者の経験則、こだわりどころである「一言指南」も、組織や事業規模が小さいときのものが中心になります。

　「人に聞くな。すべて自分で確認して、自分だけで決めろ」、創業者は自身の体験から、トップとしての行動の仕方から始まり、事業運営上のノウハウまで、このような自身が見出したさまざまな経験則をもっています。

　しかしながら、大きくなったその組織の規模では適用すべきではない方法論が含まれていたり、その時点ではもっと他に重視しなければならないこともあります。

　ちなみに、新社長はそう感じて「一言指南」を無視したり、実施しなくなるのですが、それがまた創業者のフラストレーションの蓄積につながっていきます。

　また社内には、新社長よりも経験の多い幹部も多いため、新社長は気遣いも必要となり、現場責任者への詰問をやりすぎないように控えるようになると、ますます社内の実態把握が難しくなります。心配している創業者である会長が口出しをし、社長と方針が割れてしまって院政状態になったり、場合によっては新社長を外して返り咲こうとして混乱が起きることもあります。

　また新社長はとりあえず、利益のみは確保して体裁は整えようとするものですが、費用対効果を検証して、収益性を高めることのできる体制もできていない企業がほとんどです。結局、経費をただ、切りやすいところからバサバサと切ってしまい、攻めのために必要な経費も切り詰められて、かくして、ますます企業は低迷状態から抜けることができなくなります。

PDCAが廻る体制づくりに成功したか否かが、永続的な発展のカギ

　ベストなかたちは、創業者の代のときに社内の各部門で組織的にPDCAが

廻っている状態をつくることですが、残念ながらそれに真剣に取り組む創業者は、ほとんどいません。

実際は、同じ事業、同じ業態にもかかわらず、大きく育っている企業とそうではない企業の差が出るのは、トップが、PDCAが社内の各部門で廻っている状態、文化づくりに真剣に取り組んでいるか否かだけといえます。

こう考えると、このPDCAが廻る体制づくりの重要性に気がつくかどうかが、企業が大きく成長できるかどうかを分けると言っても過言ではありません。

ワンマンタイプのトップはワンマン体制と合議制を対照させて、ワンマン体制の優位性を説きがちです。しかし、強い組織をつくるためには、議論の有無よりも、PDCAを廻し、学習する文化ができているか否かの一点につきるのです。

組織でPDCAを廻すためには、言語化、「見える化」による因果の共有が必須です。

同じワンマンタイプでも、場数を正しく踏み、腕を磨いているプロフェッショナル経営者タイプの場合は、各部門にPDCAを廻させます。これは、一般的な創業者社長とは異なり、プロフェッショナル経営者は、自身の場数を通した経験から、最初は手間がかかってもそのほうが企業は安定的に伸びる状態をつくれることを知っているためです。

彼らは、社内でPDCAが廻っていることを確認するためには、しっかり筋の通った論理的な報告を求めます。要は、自分の頭ですべて判断する態勢にするか、組織でPDCAが廻っている状況を見える状態をつくるかという違いの話です。

一見、同じようなワンマンに見える創業者とプロフェッショナル経営者の違いはここにあります。

ただし、どのようなトップであってもワンマン型経営の心地よさを知った経営者が、自身が会長職に就く際に「院政」を引こうとイエスマンタイプの後継者社長を選びたくなるのは、古今東西、起こりうることのようです。このなか

なか表面化されにくい問題は、企業の安定的な成長を望む株主の目線で、社長指名手順の最適化のPDCAが必要なのですが、これは今でもまだ、グローバルなレベルで企業を見ても解決していく必要がある課題のようです。

閑話休題12

PDCAが機能していない企業で事業承継があったとき

　もし、PDCAが機能していない企業において事業承継があった場合は、何が起きるのでしょうか。

　企業成長の踊り場を迎え、そして低迷期に入ってから、息子などの親族が社長を引き継ぐ企業は多いです。企業成長の踊り場を迎えた企業のほとんどは、PDCAサイクルが、その事業に求められるレベルには機能していません。

　まず、PDCAが機能していない状況では、その会社の事業運営を、的確に把握できません。先代の社長は、「新社長も実践を通して、悩みながらでも経営者として成長してくれるのが一番」と考えますが、経験の蓄積が違いますし、そもそも先代社長の当初の頃とは会社の置かれている環境も違います。引き継いだ社長が、たまたま腕のいいプロ経営者でもないかぎり、実は、新社長は会社を廻すために必要な五感を絶たれた状態にあり、一般的には、その術を体得していないのが状態なのです。

　もともと、PDCAがうまく機能していないがゆえに、市場の実態との乖離を起こし、低迷を招いています。しかし、市場との乖離に対して、各部門が理に適った判断をしているのかどうかも、新社長にはうまく伝わってきません。仮に引き継いだトップが高学歴、あるいはIQが高くても、社内はそれに応える報告や回答をする能力や、ましてや資料や分析を行なって「理を通す」訓練がなされていません。

　なんとか、適切な手を打ちたい新社長が、事業や組織の実態を腹に落ちるかたちで把握したいと詰問を重ねることもありますが、「社長はまだ、このビジネスに入られて日が浅いから、おわかりにならないと思いますが……」などと言われるうちはまだいいほうで、裏に回って「まったく、うちの社長、何もわかっ

第3章　なぜあなたの会社のPDCAは廻らないのか？

ちゃいないんだよな」と言われ始めると、組織との溝ができていきます。

それでもさらに質問が続くと、現場の責任者側も困り、なんとか資料づくりを行なおうとしますが、いかんせん、トップが見るべき資料をまとめるという点では素人集団です。下手に分析らしきことを行ない、一見もっともらしいかたちでまとまってはいるものの、見当違いもはなはだしい間違った意味合いを抽出して、トップの判断をミスリードしてしまった例も、数多く見ます。

もし、新社長が直情型で切れやすいと、現場とは溝がさらに深まります。新社長が「うちの連中はレベルが低いから」と愚痴を言うようになり、その発言が社内に広がり、一進一退、膠着状態に入っていきます。

結局、現場は「うちのトップは事業のことをまったくわかっていない」と面従腹背。

あせる新社長は、なんとか自分で情報を集めようと外に出かけていきますが、いいアイデアを見つけて、それがいきなり成功するなどまず望めません。

新社長は、「レベルの低い社員をなんとかしなければ」と考えます。このタイミングで、経営コンサルタントを使ってみたり、ヘッドハンターを使って社外の人材を探しにいったりし、さらに、研修会社を使って、社内研修の場を持ったりすることがありますが、なかなか即効性のある効果を見込めるものではありません。

ビジネスにおいて必要なスキルは、自分の実体験を通して得られる知識と知恵の体得であり、その最も有効な方法はOJT（オン・ザ・ジョブ・トレーニング）です。

結局、実務を通して、それを行なう場となるのがPDCAなのですが、それが機能せず、PDCAを廻す指導を行なうディレクター役もいないという状態です。

この頃に、困っている新社長のそばに経営コンサルタントやヘッドハンターが売上げをとりたいがための提案を積極的に行なったり、あるいは中途入社の側近や、社内の幹部の「思惑」が鎌首をもたげてくると、事態はさらに厄介になります。

本当は、この新社長にとって必要なのは、次の2つなのです。

- 自分の手で、再び成長軌道に入れるために必要な、市場と事業運営のための情報を入手するための「仕組み」、あるいは体制（一般的に参謀機能ということができます）
- 新しい取り組みのために、必要な「自信」をもてる生々しいイメージ

　そして、これらを機能させる手段は、実は社内組織におけるPDCAを廻すことです。

　本来は、先代社長のときから、この体制づくりに注力されているべきであり、そのかたちで新社長に引き継ぐのが、最も適切な事業承継なのです。しかし特に創業社長は、そのことにはまったく気づかずに「とにかく、現場に行け」を連呼しがちなものです。

　よってPDCAの体制づくりは、その重要性に気がついた誰かが取り組まねばならない、企業の最大課題となるのです。

創業者の降板──「押さえ」のない組織は「思惑の巣窟」となる

　結果として2代目以降、社長の代が変わるごとにトップとしての企業内のリーダーシップが弱まっていく場合があります。

　事業部門や、営業や商品などの機能部門がそれぞれのPDCAを廻すということは、それぞれの業務における読み違いを明確にすることです。

　「成功した創業者」は、企画（P）の読み違いは当然あるものとして受け入れるものです。担当者を一時的に叱責することはあっても、結局は「過ぎたことについては、それはそれ。で、どうするのか？」と考えます。

　しかし、経験が浅いままに世襲した2代目の経営者の場合、本人はけじめのつもり、あるいは任せたことの結果への失望感から、部下の失敗に感情を露わに叱責してしまうこともあります。

　こうなると組織はPDCAを廻すことはおろか、その報告を表面的なものにしてしまったり、悪い場合は、失敗まで隠ぺいするようになります。

PDCAは読み違えた点について、その理由を追いかけて明確にし、組織の知恵として共有化するためのものです。これを表面的な検証（C）で終わらせたり、隠したり隠ぺいをすると、正しく言語化された因果の共有化への努力がなされなくなります。社内の共有がなされないだけではなく、本人も、失敗の理由があやふやなままに放置することになり、企業にとっては大きな財産となるはずの「お金と手間をかけて起きた、せっかくの失敗」が学習につながらなくなってしまいます。

　この状態が続くと、社内はますます「うちの会社のマネジメントは信用できない」「マネジメントは甘い」ととらえる状態になります。マネジメントが信頼されていない状態は、言い換えると、経営がリーダーシップを失っている状態です。

　世界や日本の歴史を振り返っても、国が荒れるのは「押さえ」となる上位のリーダーシップが失われたときです。リーダーシップとは「敬服される状態」であり、特に日本企業の文化に合った表現をするならば、「みなが、安心して（共有された方向性の）前向きな課題に取り組める状態」と言えます。

　日本においても、奈良、平安、鎌倉時代、それぞれの時代の末期には、上層部のリーダーシップが弱まり、世が乱れます。そして室町時代に至っては戦国時代に突入します。群雄割拠、下剋上といえば響きはよくとも、実際には秩序が失われて、それぞれの「思惑」が覇権を狙う機会をうかがう、あるいは生き残りのための策を弄するという状態になってしまったわけです。

　トップがリーダーシップを失った企業もまったく同じです。それまでおとなしくしていた「思惑」が鎌首をもたげ、蔓延してくる状態になります。

　そして日本の戦国時代においては、自らの描く秩序を実現すべく個々のリーダーたちが激しく競い合い、多くの命が失われ、結局、知恵と力で他を圧倒できる強烈なリーダーシップを発揮した織田信長、そして続く豊臣秀吉、徳川家康によって、やっと世の中が平定されるということになりました。

　社内の統制のとれなくなった企業は、世の中に価値ある事業を展開できているかぎりは倒産するまでには至らなくても、やがて他の企業に買収されてマネジメントは退席を余儀なくされ、組織も以前とは違う運営に変わっていく、

という着地に至ります。

　米国に代表される、トップ個人が自らの「腕」で引っ張るリーダーシップに対して、日本企業に求められるリーダーシップは、「社員が安心して前向きに活躍できる土俵づくり」です。そして、その実現のためには組織で廻すPDCAの体制づくりが必須であり、それが実現されたとき、社員はトップに対して「敬服」を感じるということになります。

　企業、部門、国、すべての組織の単位において、「思惑の蔓延」状態を起こさぬように、トップ、あるいはリーダーが正しく健全なリーダーシップを発揮する状態をつくり出すことが、何よりも大切なことです。

トップ側近に「思惑」が蔓延している状態は、特に危険

　トップが健全なリーダーシップを発揮できる体制づくりの実現は決して容易ではありません。

　その一番の理由は、とかく権力の周りは「思惑」の温床になりがちだからです。トップは心地よく過ごしているが、なぜか企業の業績が低迷状態を続けている場合に、トップの周りに「思惑」を抱えた側近がいることがあります。

　トップの側近は、トップと同じ視点をもって全社の経営課題にあたっているべきですが、ビジネス能力には問題があるものの自己のポジションを保全したいという「思惑」を腹にもっている人材が側近にいると、事業発展のための企業革新よりも、自身の居心地のよい環境に変化を起こさせないようにすることを最優先させます。

　企業だけではなく国の単位で見ても、成長は多くの問題を解決します。

　企業や国が発展していくためには、規模や成長のステージに合わせた、運営方法の改革や新たな挑戦は必須になりますが、こういう輩は、変化を「自身の既得権益がリスクにさらされる脅威」ととらえます。

　冷静に考えれば、改革を行なって企業が再成長を果たしたほうが、その当人たちも、給与水準やステイタスが上がり、よいことのほうが圧倒的に多くなるはずです。しかしながら、側近の質が悪ければ悪いほど、テレビのドラマを

はるかに超えるレベルで手段を選ばずに謀略を繰り広げ、改革を阻止する動きをすることがあります。

こういう「思惑」がトップ層に寄生してしまっている状態では、PDCAを廻そうとしても、PDCAはその「思惑」をもった側近に都合のいいかたちに歪められます。表面上はPDCAが廻っているように見えても、企業で起きている実態は、表面上、報告されていることとは違っていますので、いくら熱心な資料づくりが行なわれていても、何も進歩や改善には結びついていかないものです。

もし社長が「うちの会社は、幹部や側近から、しっかりやっているという報告がなされているが、実態も業績も何も変わっていない」と感じたら、この可能性を疑ってみるべきです。単に幹部の能力が乏しいだけの場合もありますが、社長が、本人の自覚のないうちに「神輿に担ぎ上げられている」状態になっていることがあります。最悪のケースでは、側近による粉飾や不正が起きている場合もあります。「思惑」の放置は企業を滅ぼすことを肝に銘じておかねばなりません。

改革阻止派は数人で群れていることが多いのですが、その核にいるのは多くの場合はひとりです。さらにまた、そのひとりを後ろで押して、権益を保持しようとしている黒幕がいる場合もあります。

そもそも、そういう「思惑」を発生させないがため、考えていること、実施したことの結果を「見える化」するのがPDCAなのです。しかし、すでに「思惑」が蔓延してしまっている状態では、まずトップは病巣の実態を理解し、その対応が必要になります。

特に権力が集中し、属人的な判断になりやすいワンマントップの周りには、この傾向は顕著になります。前向きな改革を阻むために、改革派の誹謗中傷を流布させるようなわかりやすい方法から、表面的にトップを守る立場を装って自身のポジションを守り、そしてトップの自尊心を刺激したりして、巧みに改革勢力をつぶしにかかります。

PDCAを廻して、事業活動がうまく「見える化」されている企業では、さまざまな意思決定を理に適ったかたちで表現することを求められますので、

「思惑の蔓延」をかなりのレベルまで防ぐことはできます。ただし、トップの業務を分業して受け持つスタッフや参謀役、あるいは相談相手となる人材については、定期的なローテーションなどの運営ルールが必要です。能力や人柄はもちろんのこと、たとえトップにとって便利な存在に思えても、長期にわたってその安泰な位置におくことは推奨されません。

特に、合理的判断の枠から外れやすい身内や、特別な感情を抱いてしまう人材やイエスマンタイプの幹部登用については要注意です。たしかにトップのほうを向き、トップのためにという立ち位置で、判断や動きをしてはいるものの、その根にあるのは極めて純粋な自分の地位の安泰化であり、ひどい場合は私腹を肥やす動きをしている場合もあります。経営者の周囲に十分なPDCAが機能していない状態では、気づかぬうちに、その傘下に、思惑の渦巻いた組織ができ上がりやすいと知るべきです。

また「思惑」をもち、権力欲から「謀略」を積み重ねてトップに登りつめた社長も残念ながら存在します。創業メンバーたちの純粋なリーダーシップのもとで育ってきた企業は、「思惑の介入」には無防備な側面があります。そのような企業は、すべからく早晩、業績低迷状態に陥ります。彼らは「謀略」を張り巡らす能力を磨いてきていても、肝心の事業を発展させる腕は磨いていないものです。この状態は、市場のためにも、株主のためにも、社員の健全な成長のためにもなりません。

フランス語に「ノブレスオブリージュ」という言葉があります。

もともとは貴族の言葉で「高貴なものには、その義務が必ず伴う」という意味で、「命をかけてでも、自身の責務を果たす」という意味で、「ひとたび戦争が起きれば、最前線で、命をかけて戦え。それによってはじめて民衆の信頼を勝ち得ることができる」ということを意味します。数年前に大ヒットした映画『スパイダーマン』の中でも主人公ピーター・パーカーの叔父が息を引きとる場面で「大いなる力には、大いなる責任が伴うのだ」という台詞が使われました。

トップはもちろんのこと、組織の重責を担う参謀機能においては、このノブレスオブリージュを浸透させていくために、日々の意思決定を「見える化」し、

日々の業務をべき論のかたちにもっていくPDCAの仕組みが必要になります。

「読み間違い」を認めず、「失敗の原因を他人のせいにする」人

「『ぼく』(あるいは『あたし』)、悪くないもん。わーん」
小さい子供は怒られると、こう言って泣きます。
　普通、親はそこで甘やかすことなく、どこが間違っていたのかをしっかりと諭(さと)して、注意をし、人として正しく成長するように導きます。
　ところで皆さんの企業でも、同じような「ぼくが悪いんじゃないもん」が、横行していませんか。一般的にビジネス経験の浅いうちは、組織、チームで動くということの大事さをあまりよく理解できていません。せっかく、上司や先輩から指導を受けても、素直に受け入れられずに「自分が悪いんじゃない」あるいは「自分だけが悪いんじゃない」と開き直りの感情を腹にもつ場合があります。いわゆる「幼稚なプライド」が先に立っている状態です。これは誰かが矯正してやらねば、そのままで、年だけ重ねてしまうことになります。
　この「ぼく、悪くないもん」感情を払しょくしてやらないと、どんなことでも他人のせいにする人材に育ちます。

「○○課がしっかりやってくれなかったので」
「想定外のことが起きてしまいましたので」

　新しいことを行なっていれば、想定外のことに直面するのは当たり前です。
　結局、これらはどれも企画(P)の際の「読みが外れた」というメッセージを言っているだけで、明らかなのは、自身の「先読み力」が不十分であり、気づいた際(C)の修正プラン(P)を実行(D)していなかったということです。

So What?は学習を促す言葉

　当初の読みというものは、多かれ少なかれ外れます。よって自らが読みを外したことを認めて、その理由を探って修正を行なっていくのがPDCAの胆(キモ)

の部分です。しかしながらこの人たちは、うまくいかなかった理由を自分以外の理由に帰結させようとします。必要なのはビジネスやプロジェクトを正しく前に進めることですから、こういうときに上席の方は次のように指摘する責任があります。

So What?（だから何？）

こうした「人のせいにできるものは人のせいにする」行動を放置すると、当事者意識をもった学習はなされなくなります。
　こうなると、まず企業や組織では、誰もイニシアティブをとらずに前向きな挑戦をしなくなります。そしてトラブルが起きれば、それは誰かに押しつけることをはじめに考える組織になり、結果として前向きな考えをもって行動する者は常にリスクにさらされ、危機回避能力に長けたものばかりが出世していくという、企業や組織としては末期的な状態になります。
　また企業には、成長期を経ると、高偏差値の「頭がいい」「優秀」とされる人材が入ってくるようになってきますが、経営側がよほど気をつけておかないと、「官僚の無誤謬性」と呼ばれるものがはびこるようになります。
　「官僚の無誤謬性」は、簡単に言うと「官僚というものは、優秀であるがゆえに間違いはなく、官僚のやることに失敗はない。ゆえにそもそもあり得ない失敗は認める必要がない（のだ）」というような代物です。この状態になると、読み違い自体を認めないということになり、正しくPDCAが廻らない状態になります。

　先日、ある行政機関の方と話をしていたときのやり取りです。
　「うちの役所では、方向修正なく予算を消化するだけのPDCAがまかり通っておりまして……」
　「あの、方向修正がなされない場合、PDCAとは呼べないのですが」

　このやりとりに、同席していた方々は笑いをこらえるのに必死で、その場は

さながら年末恒例の特番、「絶対に笑ってはいけない○○24時」状態になってしまいました。

　結局、PDCAの精度は「成功、失敗の因果を正しくつなげることができるか」にかかってきます。これは、「何を読み間違えたのか」を隠さずに明確にするということで、そのための基本は次の2つになります。

・PDCAを廻す当事者の「大人」としての素直さと謙虚さ
・PDCAを廻させる側、つまり上席者のPDCAの精度を上げることへの執念

　知恵の廻る大人のビジネスマンが働く場において、「読み違い」や「ミス」から逃げず、それを認めて、前向きに対処をすることを評価する企業や組織の文化を、意識をしてつくらねばなりません。

5 ｜ 改革の成果が出るまでに1年以上を必要とする場合

　低迷状態に入っている企業は、ほとんどの場合、2つの課題をもっています。

・市場との乖離を起こし、再成長軌道に入れるためのシナリオである戦略をが見えていない
・実践力も低下してしまっている

　そもそも、組織として市場起点のPDCAがしっかりと廻っている企業は、業績に多少のブレはあっても本当の低迷状態に陥ることは、ありません。しかしPDCAが廻っていない企業では、本質的なV字回復のシナリオが見出せておらず、とりあえず表面上、事業上収益の帳尻を合わせて毎期、体裁を整えに走っている例は少なくありません。

　実力を超えた売上げをつくるために在庫の押し込み販売を行なったり、無

理やり売上げをつくったりしている例は、現実には多く見られます。さらに経費面でも、社員の昇給幅を押さえて人件費を切り詰めたり、出張費など、切りやすい経費ばかりを効果検証もせずに切りにいって、とりあえずPL（Profit and Loss statement: 損益計算書）の帳尻だけ合わせにいくのは、事業を低迷状態から脱けださせるという最優先の課題達成のためには、何の意味もありません。

　事業の実力を超えた多大な借入金、負債を抱えていたり、膨大な不良在庫が眠っていたり、あるいは長期間にわたる広義でとらえた粉飾決算まがいの行為でBS（Balance Sheet: 貸借対照表）が痛んだり、資金ショートで死に体になっている状態にでもないかぎり、ほとんどの会社は、戦略＋実践力（PDCA力）の強化で立ち直り、成長軌道に入っていくものです。

1年で結果が出せるか否かは、事業の特性に依存する

　しかしながら、多くの場合、立案した戦略によって取り組む企業の立て直しを行ない、実力が発揮されて、改革の結果がPLに結果として現れるまでに要するPDCAサイクルの期間が1年以内になるとはかぎりません。そもそも、創業後1年以内に事業の成功則を見出し、成長軌道に入ることができた企業は、世の中にどのくらいあったのでしょうか。

　低迷状態にある企業は、市場との乖離を起こしています。そしてそれに加えて、言い訳や「思惑」が蔓延し、組織が明後日の方向を向いている状態などであれば、組織の前向きな想いに火をつけて前を向かせるには、さまざまな工夫が必要になります。

　的確な戦略をつくり、仕掛けを行ない、その成果を見ることができるまでの期間、すなわちV字回復に必要なPDCAサイクルの長さは、事業によってまちまちです。戦略をつくってから、しっかりと実践して、読み違っていた部分を修正して再度やり直すというPDCAを単年度内に何度も廻せるビジネスなど、そう多いわけではありません。

　ただ、そうは言うものの、1年程度しっかり改革を進めると、例えば客数減

が止まる、リピート率が上がり始めるなど、明らかにⅤ字回復の兆候は見えてくるものです。

　取締役会、あるいは外資系企業の場合なら本国側に、戦略のプランを伝え、その後の定期報告を行なう際に、

・結果が見えるまでの期間、すなわち改革のためのPDCAサイクルの長さ
・どういうソリューションスペースでとらえているのか
・現れて来たⅤ字回復の兆候

をしっかりと伝えて、状況の理解を共有する必要があります。

順調に進んでいるのに、改革が中止になるケースも

　小売業の場合でも、売り場づくりの対応は1週間サイクル、販促物対応なら2～3週間、商品の仕入れならば1カ月、商品を企画、開発して店頭に入れるならば2～3カ月、長い場合は7～8カ月と結果を確認するためのサイクルはさまざまです。
　改革の推進プログラムを描く人は、これを踏まえて施策の組み合わせを行ない、効果の大きさと難易度を踏まえて全体像のわかるプランをつくり、いつから成果が現われるのかを提示しなければなりません。
　自社のビジネスにおける、施策の実施から、結果が業績数字として表れるまでの長さの認識を共有し、業績数字に表れるまでの間に、例えば、

「今回、○○エリアで行なった試みで、客数が◎％上がりました」
「今回、作成した営業マン用の販促ツールは、△△営業部で試験的に実施し、買い上げ率は□□％上がっています。ツールの改善点も明らかになりましたので、そこを修正し、全営業部で展開すると◎◎％、□億円の売上増が、○月ごろに見込めます」

と、報告する機会を、適切な頻度でもたねばなりません。

仮に「信頼して、任せているから、細かい報告はいい」と言われても、どこから余計な雑音が入るかはわかりませんので、最低限の情報は入れなければなりません。

実際には、これをうまく伝えることができていなかったために、せっかく、立て直しが進んでいるにもかかわらず、改革を止める判断がなされてしまう、非常にもったいないケースを見ることがあります。

また、単年度内に改革の結果が数字に表れないことは、実は、意思決定者の周りにいる、改革が本当に進んでしまうとおもしろくない、自分たちにとっては好ましくないと思っている「思惑」をもった改革阻止派には、格好の攻撃材料になります。

改革の際は、まっとうな筋論を通すための、さまざまな工夫や努力が求められるものであり、よって、企業改革のプロとしては、この腕を磨くことも重要になるのです。

閑話休題13

戦略的（Strategic）判断っていったい何？　(・・;)

企業内で「戦略的に判断して……」という言葉を耳にすることがあります。

例えば、小売業のチェーン店で、競合店舗が多数ひしめく中で、収益性を考えると、あり得ないような場所に出店をしている場合があります。このときの説明として使われる言葉が決まって「戦略的な判断」です。

「この立地への出店は、戦略的出店と位置づけています」

そのとき、「その戦略的というのは、具体的には、どういう理由だったのですか？」と尋ねてみます。返ってきた答えの例をあげると、

「我々のドミナント（ほぼ独占状態にある）市場に、競合店の出店情報が入ってきました。その出店立地が契約される前に、当社がさらに高い賃料を積んで借

りて、自社の店舗をオープンしたんです」
あるいは、
「競合店のドミナントエリアではあるのですが、そこの商圏は押さえておかねばならないということになりまして、赤字覚悟で出店しました」
この場合、競合に対しての優位性をもっている事業であれば「良し」なのですが、先に述べた米国の郊外型紳士服店や、安売り型の眼鏡チェーン店のように同質化しているビジネスの場合は、その出店の意義は本当にあるのか、という議論が起きます。

どうやら、「経営判断としての正しさの説明はしにくいが、当面の収益性は度外視してでも、やってみたい」というのが、ここでいう「戦略的」判断のようです。実は、このような「戦略的」判断と呼ばれる奇っ怪な代物は、日本だけではなく、むしろ、年度業績の帳尻合わせに追いまくられる米国企業、外資系企業のほうが、大手を振ってまかり通っているようです。
これは日本に進出しているある外資系の医療機器メーカーの例です。
年度末の売上高の帳尻を合わせる目的で、Strategic Price Decision（戦略的価格決定）として販社向けの特別値引き価格を提示します。また販社の中でも、年末の押し込み販売に積極的に応じてくれる納入先をStrategic Buyer（戦略的納入先）と呼び、大量の在庫の引き受けを依頼することが常態化していました。
Strategic Price Decisionは結局、利益幅を削ってしまっていますが、それが表面化しないように、そのマイナス分は翌期に反映されるようにする操作が行なわれることもあり、これは大きなツケを翌期に回すことになります。また、その納入した先が、安く仕入れたことをよいことに、あるいは資金繰りのために市場で安売り販売をしてしまうと、市場価格の値崩れの原因を、実は自分たちでつくってしまっているということになります。
さらにStrategic Buyerに押し込み販売をした場合、翌期の売上げはマイナスからのスタートになります。実際、ねつ造と呼んでもいい売上げをつくり、さらにそれが実績となり、翌期はさらにそれを上回る売上予算が与えられます。現実的に、毎年、前期を上回る量の押し込み販売を行ない続け、なんと1年分

の在庫をStrategic Buyerにもたせてしまったという、にわかに信じられないような事例もありました。結局、問題の先送りを繰り返し、「誰が最後にババを引くか」ということになります。

これはなんの問題の解決にもなっておらず、むしろ健全な事業展開には悪い影響を与える行為です。

また別の事例ですが、人事コンサルタントを入れてつくった新しい業績給与の計算システムに不備があり、適切に社員にインセンティブ給与が支給されないということが発覚したケースがあります。このケースでは営業本部長が、本国にStrategic Incentive（戦略的インセンティブ給与）と名付けた特別賞与を申請したという笑い話のような事例もありました。そして、なぜそのような計算システムができ上がったのかについては、あいまいなままに放置されました。

英語にはSpeak Upという言葉があるにもかかわらずに、問題を声高に言うこともせずに、本質的な問題点を先送りしているだけです。まるで、いずれ誰かが残されたババを引かざるを得ない「ババ抜き」、あるいは、そのうち必ず誰かの頭に弾が発射されるロシアンルーレットを行なっているのと同じ状態です。

結局、「戦略的」という言葉は東西にかかわらず、「うまく理に適った説明ができないが行なう」「本質的にはおかしいが、評価指標達成のために、化粧を施して会計の帳尻を合わせる」などの判断のときに便利に使われているようです。

これらの「戦略的」判断は、本来あってはいけないような判断が並ぶ話になっており、健全な経営を行なおうという目標においては、すべてPDCAの疎外要因ということになります。

一言で言ってしまえばこれらは、経営システムがうまく機能していないために起きていることです。取締役会がCEOにインセンティブ給与を出す契約にし、単年度のPLのみを管理して、本質的な打ち手が進行しているかについては興味を示していないということです。

社長付きのスタッフ、参謀機能などを使って、中長期の事業活性化のためのPDCAサイクルをしっかりと廻し、必要なことの「見える化」を推進していかなければ「性善なれど、性怠惰」な人のやることとして、この手のことは容易に起きて、いずれ事業に大きなインパクトを与えることにつながります。

ここで、日本企業に視点を変えてみると、欧米に比べて、日本の株主がおとなしいということは、本来は、中長期的な視野での企業の活性化を進めやすい環境にあるということになります。このメリットを享受して、強い日本企業をつくるためには、やはり経営層が「自信」をもって判断のできる体制、つまり社内でPDCAが廻っている状態をつくる、という話に帰結します。

第4章

PDCAを廻すために必要なこと
――個人、マネジャー、そして経営層にとっての技術

企業、そして個人がビジネスにおいて的確にPDCAを廻すために必要なことは、次の3つとなります。

・個人は効果的、効率的に「PDCAを廻す」ためのスキルを磨くため、必要な技術と姿勢を習得する
・マネジャーは、担当の組織に「PDCAを廻させる」ため、しっかりと手順を組み立てる能力をつけ、自らがPDCAを廻すドライバーとなる
・経営層は全社視点でのPDCAを廻すドライバーとなり、かつ社内のPDCAが廻る「土俵づくり」を推進する。そして起動の際には、トップ直轄の推進メンバーには適切なPDCAのエンジン（＝手順、メカニズム）を設計させて、それを磨き続けさせる

1 個人が的確にPDCAを廻すための技術と姿勢

　PDCAを廻す目的は、事の因果を明確にして、さまざまなビジネスに必要な成功則を導き出し習得することです。その際に個人が意識すべきことは、次の3つです。

①言語化と三現主義：論理性を大事にし、五感を通した感性を駆使する
②「見える化」：目的に合わせて「見える化」を工夫する
③逃げない姿勢：自分の成長のためのPDCAである

①言語化と三現主義

　世の中の多くの人が、人生における多くの時間をビジネスの場で過ごします。
　そして、そのビジネスにおける自身の土俵で何十年もの間の体験を通して、自身の腕を磨きます。

そして個人の腕が上がれば、世の自然な流れとして仕事は腕のある、仕事のできる人に集中していくものです。結果、任される仕事の量が増え、部下も増え、今度はマネジメントの腕を上げることが求められます。
　仕事の腕が上がり、そして上席になり人にも指導をするときに重要になってくるのが、部下がPDCAを廻すための指導であり、そこで重要になるのが、起きていること、伝えたいことを「言語化」する能力です。

「おーい、あれ、あれが欲しいんだが」
「あれですね、わかりました」
「あいつを呼んでくれ」
「はい、○○さんですね。お待ちください」

　創業時の人手の少ない頃から、下手をすると家族よりも長く時間をともに過ごしてきたかもしれない社長とその側近の間でよくあるやり取りです。後続入社組が、このような意思疎通を見て驚かされることがあります。
　あの大前研一氏も、マッキンゼー時代にともに長く仕事をされてきた秘書の方との間では、

「おーい、あれ。あれをもってきてくれる」
「はーい」

という「以心伝心」とも言うべきやり取りを行ない、よく周りの者を驚かせていました。
　しかしながら組織が拡大すると、この「以心伝心」式コミュニケーションだけでは多くの伝達ミスや誤解を生ずるもとになり、組織としてPDCAを廻す際の疎外要因になります。
　これはつまり、事業規模の拡大、市場の変化などが起きる中、組織内の適切なコミュニケーションの「仕組み」づくりに、経営層が知恵と神経を使わなければいけないということです。

また、未知の課題に取り組まねばならなくなったときには、現場・現物・現実を確認して五感をもって情報に接して仮説を立て、「理」をもって因果を解いていくことが必要になります。
　そして、その意味合いを抽出する際には、上手に「言語化」していく能力が求められます。

アートをサイエンスする

　結局「言語によって筋の通った説明ができる」がゆえに、自身のやり方も論理的に改善していけますし、人にも伝えることもできます。
　「アートとサイエンス」という表現があります。
　一般的にはこれは「芸術と科学」と訳されますが、ここで言う「アート」はまだ十分に言語化されていない世の中の事象のことを示し、その「アート」を言葉で論理的に説明できるようにすることを「サイエンス」と言います。
　よってそもそも「サイエンス」の有り様は、「アート」への言語化という挑戦が、その本質ということができます。
　そして論理的に言語化され、因果が説明できるようになることにより、事象には再現性をもたせることができるようになります。企業内の活動も、よりよい、より効果的なやり方に進化をさせるためには、この「言語化」が必須事項になるといえます。

五感をもって良質な一次情報に接する

　もうひとつ、個人がビジネスの場で成功していくためには、座学や理論だけではなく、現場・現物・現実、いわゆる三現主義に基づいた、五感で得られる情報の質を大切にするということがあります。
　今から30年ほど前、誰もが「天気予報は当たらない」と考えていました。
　多変量解析において、数値だけではなく定性的な情報と事象の相関関係を解析するために日本で開発された方法論に「林の数量化理論」があります。この数量化理論はもともと、天気予報の予測精度を高めるために開発されたものでしたが、それでも天気予報の予測精度は、しばらくの間、高まることは

ありませんでした。その理由を、この理論を開発した統計数理研究所の当時の所長だった林知己夫先生にうかがったときに、こう説明されていました。

「当たり前なのです。どんなに優れた解析手法を用いても、入力されるデータが乏しく、質が悪ければ、精度の高いアウトプットなど得られるわけはありません」

当時、国内に設置されている気象情報の観測ポイントは、今に比べて驚くほど少なく、インターネットも携帯端末もない時代でしたのでさらにそこで計測されたデータも人の手で収集せざるを得ませんでした。そのための時間差も発生しており、これが天気予報の精度が低い理由だったのです。

例えば大企業においても、本社がつくる製品戦略と呼ばれる企画の精度が下がるのは、現場に向かう足が遠のき、距離が広がり、日々変化が起きている実際のビジネスの現実との乖離を起こしていくからです。

「言語化」の努力は必須です。必要な情報がすべて言語化されて手許に来ているという前提にたつのは大きな間違いです。むしろ「言語化」は、「言語化」されていないことへの絶え間ない挑戦ととらえるべきであり、そのために現場・現物・現実に接し、五感をもって、最も良質な一次情報に接し、タイムリーに必要な情報を得ることがPDCAのPの基本になります。

閑話休題14

書物、座学と、PDCAを通した実践により得られる知恵の違い

一般的には、座学や書物だけでは、実践力は得られません。

いくら、べき論を勉強しても、それだけでは「なるほど……」と知的に満足しただけで終わってしまいます。

書物には先人、先達の知恵が含まれています。ただし、それは先達のものの考え方を理解するためのものです。

ショーペンハウエルは『読書について』で「読書は言ってみれば自分の頭ではなく、他人の頭で考えることである」と述べました。そして、安易にハウトゥーをそのまま実践するのではなく、そこに描かれていることを自分なりに

考えて咀嚼することが大切で、仮にそのまま実践するならば、実情を確認してそれを修正することが重要です。

　注意すべきことは、書物に書かれた知恵は、その知恵が適用できる前提部分がすべて書き記されているわけではないということです。数学や物理学のような理学系の世界では、モデル化されたクローズな空間での議論を行ないますが、現実の世界では与件となる部分がどれだけ的確に明示されているのかについては、実は、はなはだ危ういところなのです。

　そして科学の領域としては、まだまだ歴史の浅い、この経営理論の世界では、座学の知識だけを鵜呑みにして、いきなり実行段階に移しても、いきなり壁にぶち当たるようなことが起きて、右往左往することもあるはずです。

　外部のコンサルタントを使う場合も同様なことが起きえます。

　日本でも展開されている戦略系のコンサルティング会社は、基本的に欧米ででき上がった方法論とスタイルを踏襲しています。

　現実のトップのリーダーシップのかたちが欧米とは異なる日本企業の改革を請け負う場合には、強力に組織の力を上げる実践力の強化策を伴わないとなかなか進みません。

　経営コンサルタントは特に資格がなくとも名乗れる仕事であるため、高いプロフェッショナリズムと知識を有していることが絶対条件になります。特に、その前提のもとに場数をしっかりと踏んだコンサルタントは非常によい提案や指導をしますが、その一方で現実には、どこかで得てきた知識と、論理性のみで戦略らしきものを立案する思考停止状態の不完全な自称コンサルタントも存在します。

　優秀な経営コンサルタントからは、知ると知らぬでは大きな違いの出る知恵を得ることができます。外部の知恵をうまく使うことができれば、企業のV字回復を短期間に実現できたり、あるいは自力だけでは10年以上かかるプロセスを1年に短くすることもできます。重要なのは、こういう外部の知恵をうまく選別でき、使うことのできる能力も企業の力として蓄えていくということです。

②「見える化」

　奇跡的な天才でもないかぎり、はじめからすべての事象を頭の中だけで整理して答えを出していくことなどなかなかできません。世の中にいる素晴らしい能力を発揮する方々は、その領域に携わり始めた当初は、やはり目で見て感じたものを、ペンを手に紙などに書いて自分の考えをまとめるということを繰り返します。

表現する能力・書く能力は課題構造を明らかにする思考の訓練

　大前研一氏が初期に描いた『企業参謀』（プレジデント社）は、氏が経営コンサルタントになってから、企業のコンサルティングにあたって、見たこと、教わったこと、聞いたこと、考えたこと、気がついたことを自分なりに書き記したメモからつくられたものであり、数多くの言語に翻訳され、各国のビジネススクールでも使われています。

　重要なのは、物事を自分の頭でしっかりと考えて表現する力を鍛えるということであり、その力が大きな価値になっていくということです。

　例えば、分析とは、**事象における差異をわかりやすく比較できるように見える工夫をして、因果を明確にしていくための「見える化」の作業**といえます。

　そのために、分析作業においてはグラフを多用します。

　今、起きていること、これまで起きていたことの意味合いを「見える化」しようとすると、矢印や図形、図表化を行ないながら、わかりやすく表現することが求められます。

　そうして表現して書く能力をつけるということは、単に資料体裁づくりの能力を高めるだけではなく、自身の思考の仕方を「見える化」しながら課題構造を明らかにするという、思考の訓練のことなのです。

見える化が徹底されると改めて分析する必要がなくなる

「数学の大きな進歩は、わかりやすく、扱いやすい、シンプルな表記方法の発明、発見によってなされる」と言われます。

トヨタグループの企業内では、現状の業務についてさまざまな「見える化」で可能になる「目で見る管理」を行なうことで、常に現状の課題を洗い出そうという意識が全社に徹底されており、ひとつのグループの文化となっています。これは、一見地味な活動に見えますが、トヨタのもつ本当の強みのひとつです。

また、他の企業と比べるとトヨタ内部であまり使われないことに気づく言葉のひとつが「分析」です。これは主要業務において、見るべき指標である「管理ポイント」を「見える化」するという「目で見る管理」が当たり前のごとく実践されているためといえます。知るべきこと、知らなければならないことは、見える状態にして管理できるように常に工夫を重ねる企業文化があり、改めて「分析」を行なわねばならない余地は、通常業務にはあまり残っていない状態になります。この前提にあるのは、常に、問題点を顕在化させようという思想なのです。

これは分析資料や企画資料作成だけではなく、帳票設計の話にも通じることです。

資料を作成するということは、単に、報告用に見栄えよくまとめることが目的なのではなく、論理的に考えて、誰にでも理解が容易で納得させることのできる思考の過程を、わかりやすく「見える化」するということです。

物事をうまく言語化し、資料や分析において表現する技術は、ビジネスマンが自身の成長のために必要な能力のひとつということになります。

③「逃げない姿勢」

英語にアティチュード、Attitudeという単語があります。日本語に訳すと

「態度、姿勢」という意味になりますが、個人レベルでPDCAを廻す際に重要なのは、正しいアティチュードと言えます。

保身、他責行動を慎む

　人は誰でも楽をしたいと思いますし、賢く立ち回って生きていきたいと考えるものであり、それを実現するために、知恵を使って文明を発展させてきたという側面があるのも事実です。しかしながら「人、性善なれど、性怠惰なり」という側面が、小狡（こずる）さというかたちで現れると、リスクを回避して、マイナス評価をこうむる可能性のある場は避けていこうと考えてしまうものです。

　世の中の多くの人は、ビジネスの場で自分の力を磨きます。そして、その自身の限られたビジネス人生を使って磨いた能力で成果を残し、個人の人生を豊かにしていくわけです。

　人は、どの部分に真剣に時間を使ったかでその人の学習の蓄積が行なわれ、結果としてその人の人生のかたちがつくられていきます。

　ビジネスの場をはじめとするさまざまな場において、その効果を高めるのがPDCAの力です。つまり、**自身の真の能力として血となり肉となる経験は、PDCAを廻しながら積み重ねてはじめて学習となります。**

　一方で、人はその知能の高さから、危険予知能力を発揮して生存確率を高めてきました。そしてこれはビジネスの場においても、時として自身を守るために、保身、他責行動を優先させてしまいます。

　「悪」という言葉の定義は、簡単に行なってよいものではありませんが、企業改革におけるそれに相当する表現は「利己主義」になります。利害が対立する場合、それぞれが「自分たちにとって益となること」を求めてぶつかるところから、双方が相手を「悪」ととらえることになります。それぞれ、相手は自分の利益を失わせる「悪」ということになります。

　企業という単位でとらえると、全体で最適な動きをすべきなのですが、そこで働く個人が、自らの利や、保身を優先させ、企業全体にとっては好ましくない方向に動くならば、それは企業にとっては「悪」ということになります。

　結局、PDCAを廻す取り組みは、「利己的」な動機や考えがビジネスの中に

入り込まないように「見える化」し、トップの意思もしっかりと理解して全体最適となる方向性に導くということです。

「若いうちに失敗しておくべき」は真理

「和を以て貴し」という価値観が根底にある日本においては、社長といえども欧米式の大胆な意思決定は、なかなか行ないにくいのが現実です。しかし、**まず自分自身に対してイニシアティブを発揮する、つまり「逃げない姿勢」**をアティチュードとして意識し、実践するということから始まります。危険予知ばかりに過剰に敏感になって失敗を恐れていては、自分の能力は高めることができません。

新しいことについては、それをやらない理由など、無限に見つけることができます。

リスクを読んだら、それで行動を止めるのではなく、その挑戦で得られるものを明確にした上で行動し、PDCAを廻して、常に新しい学びにつながる挑戦を続けることによって、正しい「自信」が得られます。そして、廻りから期待されるイニシアティブを発揮できる人材として成長できます。

年配の上司が説教のように言う「若くて、まだ責任の重くない時期に、思い切ったことをやって（失敗をして）おくべき」は、実に真理です。これを言い換えると「まだ、自分の責任ある範囲が広がっていない若いうちに自身の枠に挑戦し、攻めの感覚を培っておきなさい」という意味です。

それを若き高学歴のエリート組が、マイナスポイントがつくことを恐れて挑戦をしたことのないままに偉くなると、その組織は暗黙のうちに新しいことへの挑戦を避けようとする、「自信」をもたない経営メンバーばかりになり、自らの手で未来を切り開くことのできない企業ができ上がってしまいます。

2│組織としての「PDCAを廻させる」仕組みづくり

顧客や生産の現場の事情を一番わかっているのは現場の担当者です。

よって、その現場に接している担当者がPDCAを廻して、精度よく考えて手を打つ組織運営を推進しているのが、トヨタやセブンアンドアイホールディングスの考え方といえます。

　組織のPDCAにおいて最も重要なのは「組織としてある方向に向かって、精度高くPDCAが廻っている状態をいかにつくるか」つまり「人、性善なれど、性怠惰」である圧倒的多数派の人々に、「いかにPDCAを廻させるか」ということです。

　まず、その職務のPDCAに責任をもつ立場のマネジャーが、その部門が日々何をやっているのかわからないような状態では、その業務のPDCAの精度は上げようがありません。

　組織としてのPDCAを廻す際に必要なことは、次の4つとなります。

・その業務を的確にとらえた定義を行ない、業務フローを明らかにする
・会議のようなPDCAが廻しやすい、管理ポイントが「見える化」された報告帳票の設計
・発表、報告の体制づくりと作法の徹底、習慣化
・そして「起動」時に、「はずみ車」を廻し始める際の入念な準備

　PDCAを精度高く廻すための「PDCAの実践設計」には、PDCAの「エンジン」（＝機構、メカニズム、手順）のつくり込みを行ない、そしてそれを、意思をもって動かして運転する「ドライバー」たる上長、責任者の振る舞い方を明らかにすることが求められます（図表4-1）。

　精度の高いPDCAを廻して、PDCAを廻すたびに業務のレベルを上げていくためには、これら2つをしっかりと機能させる必要があります。

エンジンの設計──PDCAの廻し方を設計する

　まずここでいうエンジンとはPDCAを廻すメカニズム、つまり機能させるための機構を意味します。PDCAのスパンの大きさ×サイクルの長さでとらえ

図表4-1 「実践設計」におけるPDCAスキーム、「エンジンとドライバー」

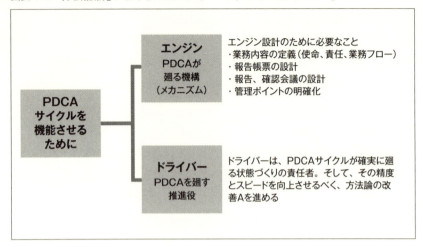

ると、数年単位でとらえる事業方針・戦略レベルから、個人の商品バイヤーレベルの週次業務まで、さまざまなPDCAがありますが、基本的なエンジン組み立ての考え方は同じです。

例えば、週次で廻すようなルーチン系（定型）業務のPDCAサイクルであれば、その「エンジン」として設計すべきものが3つあります。

(1) 業務内容の定義と業務フローの明確化

ルーチン（定型）業務のPDCAを行なう際には、その業務内容の定義が必要です。

組織の運営において、売上げなどの数値責任だけを与えて、職務の内容があいまいなまま、「任せる」という言い方で、無責任に業務が丸投げされて、往々にして個々が属人的に業務を行なっていることがあります。

ルーチン業務におけるPDCAを、精度を高めて廻すためには、まず組織の役割、何を目的としているのか明確に定義する必要があります。そして日々の業務の内容（業務の前週の結果の分析、当週の実施事項の承認、その実行手順の組み立てなどの業務の流れ）を、業務フローなどのかたちで明確にしておく必要があります（図表4-2）。

組織といわれると、一般的には組織図を頭に浮かべます。

ただしこの組織図というものは、組織の中での責任範囲と報告のルートを明確にしたものに過ぎません。ちなみに、半期や、1年に1回程度、定期的に組織図をさわることが定例化している企業は多いですが、特に経営の方向性に関する意思がない場合、組織の定期的な見直しの意味合いは、「より仕事のできるようになった人には部下をつけ、管掌範囲を広げることができるように全体を見直す」ことで、組織のパフォーマンスを向上させることです。

組織はそもそも、ひとりだけでは達成が困難な目的を達成させるために、分業化して業務を遂行するためのものです。そして、組織のタテ割りのみならず、階層ごとにも、問題解決業務を分業するべく設計されるものです。

そして現実的には、いかに業務の分業がいかにうまく手順として組み立てられているかが、組織のパフォーマンスを決めます。この組み立てた手順を「見える化」するのが業務フローです。言い換えると、組織の効果、効率を上げようと考えると、行なうべきは組織図の見直しよりも業務フローの改善ということになります。

業務フローは、ビジネスプロセスという言葉とも同義です。

現状のビジネスの流れである業務フローの実態を「見える化」してみるだけで、多くの課題、問題点、改善の余地が明らかになるものです。そこから「あるべき」業務のかたちを明確にして、ムダな動きをとり、本質的な業務に専念できるようにします。「こうあるべきだ」と、一方的にガチガチの業務フローを定義してしまうと、実態とは違う形骸化してしまったものができ上がりますので、段階的に精度を上げることを念頭においておけばいいといえます。

創業期には、その創業メンバーたちが、業務のかたちを考え、模索しながらつくり上げます。しかし、その事業と組織が拡大する際に、業務内容の定義を行なわずに放置しておくと、組織内では我流の方法論や慣習が横行し、往々にして業務のヌケやモレが起き、偏ったものになっていきがちであり、表向きは権限移譲の名の下に、ただの放任状態ができ上がってしまう原因になります。

図表4-2 「業務フローと業務定義」の例

	月曜9:00	10:00	12:00

前週の実施D結果の確認 / 検証C

営業（商品カテゴリー担当）

商況情報収集（数値情報）

MDデータベースから商況情報を出力
・アイテム別ベスト10
・品番別売上週次推移
など

担当カテゴリーの商況情報収集
・既存前年比
・客数×各単価分解
・アイテム構成比
・ベンチマーク競合ブランド売れ筋情報
・旗艦店売上詳細分解
など

店舗視点からのMD分析

重要店舗から商況情報を収集
・売上週報
・店舗別MD情報

特出値、異常値発生の理由を確認
・曜日、アイテム、対競合情報
・店頭情報のヒヤリング

→ カテゴリーごとの「次週打ち出し継続、店頭引き上げプラン」

MD（発注・売り切り管理）

全体視点からのMD分析

全体＋カテゴリー分析

全体販売計画修正
・売上週報
・店舗別MD情報

追加発注候補を選定
・大枠修正発注数量計算

→ 検証を記入した「週次戦略シート」「アイテム別売上推移表」

商品企画

商品企画内ミーティング
前週の訪問店舗＋競合状況共有

DB

店頭から引き上げる品番の選定
・品番別週次推移から、店頭での動きの悪い商品を選定

→ 検証を記入した「品番別週次推移」

営業（エリア長）

①前週店頭展開プランの総括　　②自エリア内での、不振店舗の要因分析、状況確認と指示

13：00　　14：00　　　16：00　　　　　　　　火曜日10：00

当週の展開プランP策定 ｜ **当週全プランP承認**

当週商品展開方針策定会議（投入/引き上げ商品検討会）

■主催：MD長

■目的：
・投入/引き上げ品番、追加品番決定
・各カテゴリーの「今週の戦略」の合意

■出席者とその役割り
・DB：引き上げ候補提案
・営業：店頭情報から引き上げ/追加要望を発表
・MD：数値分析から当週のカテゴリー対応方針をまとめる
・商品企画：MDストーリーとの整合性確認

店舗展開プラン作成

①前週の総括と、次週の投入/引き上げ方針
②今週の店頭への指示用の展開プラン作成

期中発注数決定

・追加発注根拠を明確に記述し、MD長が発注数量を確定

商品発注表

（翌日火曜日の「当週対応確認会」の場にて承認を得る）

店頭展開プラン確認会

■主催：営業カテゴリー担当
■目的：カテゴリー担当の作成した当週の店頭展開プランの確認と最終調整

■出席
・MD
・商品企画
・VMD担当

当週店頭展開プラン

（翌日火曜日の「当週対応確認会」の場にて承認を得る）

当週対応確認会（事業部長承認会）

■主催：事業部長

■出席者：
・MD、商品企画
・営業（カテゴリー担当、エリア長）
・DB
・VMD担当
・仕入れ担当

■目的：
当週方針の確認と共有
①MD：前週商品動向と当週対応発表
②商品企画：
・前週好調商品
・新規好調商品
・不調商品
③仕入れ担当：
納期予定の確認
④営業（カテゴリー担当）：前週の店頭展開プランの総括と今週のプラン発表情報の共有
⑤営業（エリア長）：
・新店オープン状況
・特筆すべき競合情報など

前週店頭展開プランの総括

第4章　PDCAを廻すために必要なこと　155

(2) 報告帳票の設計

　報告帳票は前週の実施（D）した結果とその意味合い（C）を抽出し、そこから導いた当週の実施事項（P）の必然性なども、担当者がわかりやすく記入できる、自身の業務の管理用であり、報告用にも使えるフォームです。その中には、その業務がうまく遂行されているかどうかの実態を的確に示す「管理ポイント」となる数字や事実をいかにわかりやすく表現できるかが重要です。そしてこのフォームの改善（A）を、PDCAを廻すたびに必要に応じて進めます。

　すべての業務には、「この数値を見る、あるいはこの事実を押さえておくべき」という「管理ポイント」があります。

　前述のトヨタの例で触れた「目で見る管理」は、各業務の主要な指標、すなわちこの「管理ポイント」を、グラフ化などの工夫を行ない、わかりやすい状態にして管理しておこうという考え方です。

　つまり「目で見る管理」＝「管理ポイント」＋「見える化」ととらえることができます。

　特に、その上席者は、業務の定義を行なった上で、自分が一番見たい数字や事実を「管理ポイント」にする必要があります。

　つまり、この帳票の設計にはトップ、あるいはPDCAを廻させる上席者の意思が反映されているものであり、その意思が明確に示されるのが、この「管理ポイント」になります。

　この「管理ポイント」の捉え方、見せ方を間違うと、ビジネスはとんでもない方向に進むことがあります。

　例えば、チェーン店を展開する小売業において、店舗開発担当者に対する評価が、出店が決まった立地の数でなされるケースがあります。

　イケイケどんどん状態の企業で、店舗開発担当者の名前を壁に貼り、名前の上に、選挙戦さながらに、開発物件の出店が決まるごとに造花の花を貼っていき、その花の数で業績給を決めている光景を見ることがあります。しかし、このやり方を行なうと、心ない店舗開発担当者が、自身のKPI（Key Performance Indicator:重要業績評価指標）として成約する物件の数のみを追いかけ、立地の善し悪しなどそっちのけでトップへのプレゼンテーションの仕方ば

かりを工夫して成約数を追いかけ、結果、収益性の悪い赤字の店を増やしてしまうことがあります。

このような偏った上っ面の目標値を「管理ポイント」に設定して、出店数を稼いでしまった結果、その後の長い期間、負の資産となる収益性の悪い店舗を抱え込み、その対応に数多くの優秀な人材の多大なる時間をさかねばならなくなってしまった企業は、現実には相当数あります。

しっかりと収益性の高い立地を開発した者が評価されねばならず、むしろトップの出店判断の精度を上げるためのPDCAサイクルを廻し、方法論の進化（A）をさせて、かつ自社の業態特性に合う、単なる出店数以外の管理ポイントを見出すことが、本来、優先事項のはずです。

「管理ポイント」については、業務レベルの向上や、市場の変化などに合わせて改善、進化をさせることも必要になり、ここでもPDCAのAを常に実践することになります。

帳票設計にあたってのもうひとつの重要なポイントは、PDCAのサイクルが、前回のPDCAとのつながりがわかるように報告帳票を設計することです。

PDCAサイクルはチェーンのごとく、次のサイクルがつながっていくことで、前回のPの振り返り（C）が、次のPに反映され、PDCAが廻るたびにPの精度が上がっていきます。そして、その連関がわかるように書面上に表現できるようにしたものが、報告帳票の役割です。

帳票の中に前回の検証（C）からの学習事項と、それを踏まえた上での修正された新しいPを反映させないと、毎回、今のPがなされた必然性となる背景と仮説が見えなくなります。報告帳票には、この「連鎖性」をもたせることが必須事項となります。

なお、PDCAは業務のサイクルそのものです。PDCAのために、定例的に記入する新たな帳票を加えるのではなく、現状の帳票をPDCAの機能をもったものに置き換えるか、あるいはPDCAの機能を追加するのが賢明です。

(3) 週次などの定期報告会の設計

先の報告帳票を使って、PDCAに責任をもつ上席者に、実施（D）の結果と、

図表4-3 Cから次のPを確認、そして共有する場である報告会の設計

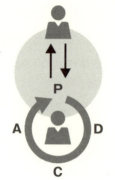

ドライバー：
PDCAの責任者。
全体感をもって、
Pの方向性を確認、
ステアリング
(舵取り)する

PDCAを廻す
担当者

- 報告会の開催を業務フローの中へ組み込む
- PDCAが廻るように設計された報告帳票を用意する
  ・特に先回のPDの結果のC、そして次のPへの連鎖が見えるようにする
  ・できるだけグラフ化を行い、実態がわかりやすい状態に
- ドライバーは、成功、失敗にかかわらず、因果の明確な説明、記載を求め、追求する
- その場にギャラリーを配置し、そのやり取りから学ばせることも有効

それによってわかったこと、意味合い（C）を報告し、そのCを反映させた、次の打ち手（P）の承認を得る場です。

ここは、PDCAを廻している本人が、帳票を使った発表を通して、PDCAが廻っている状態を示す場となります（図表4-3）。上席者と本人だけではなく、関連の部門の責任者、担当者が同席することによって、PDCAが正しく廻っているかどうかの確認が行なえるだけではなく、次の3つのような効果があります。

・結果から本人が導き出した、意味合い、学び（C）の組織への共有
・必要に応じて参加者からの、次の打ち手（P）策定のための、別視点からのアドバイス
・全体最適の視点から、PDCAを廻させている、このPDCA責任者たる上席者（ドライバー）の意思の組織への反映と共有

PDCAサイクルの期間が短いほうが高速のPDCAが廻り、打ち手への修正行動も素早くなります。ただしこのPDCAの高速化は、組織の能力などが伴わないと大きな負荷がかかります。エンジン設計の巧拙にもよりますが、段階的な向上が行なえるように適切なサイクルを設定することから始めるべきで

しょう。

　PDCAのエンジンの設計には、これらの3つをつくり、正しく機能させる必要があります。

　戦略や、中長期方針のPDCAなどは、基本的に全社的な規模のスパンとなり多くの部門が連動します。このような全社レベルの大掛かりなPであれば、策定そのものが大掛かりな作業になります。その場合、Pの策定作業そのものが、トップの確認を行ないながら、策定スタッフがプランの精度を上げるためのPDCAを廻すことになります。

　また、プラン（P）ができ上がったあとの進捗状況の報告会（C）においても、実行（D）の結果から明らかになった課題を報告するなど、ステアリング（方向修正）のための、報告用資料作成、発表の作法がしっかりと設計され、実践される必要があります。

ドライバーはPDCAの責任者

　そして、そのエンジンを動かし、正しく機能させるのが上席者たるドライバーの役目です。

全体最適のバランスをとる
　ドライバーは全体最適の視点から、このPDCAが廻っている職務の成果に責任をもち、自身の意思とパッション（情熱）をもってPDCAを廻す、あるいは廻させる役目です。

　例えば、全社の事業戦略や年度の事業方針であれば、全社レベルでの最適化のためのPDCAのドライバーは社長であり、各機能部門、事業部門に廻させているPDCAの状況を的確に把握しなければなりません。商品部の各バイヤーの週次業務のドライバーは、商品経営の視点から、各PDCAに責任をもつ商品部の部長、あるいは事業責任者などの上席者になります。

　PDCAサイクルの外側にドライバーを置くのは、「人、性善なれど、性怠惰なり」という前提があるためです。

図表4-4　ドライバーとPDCAの関係

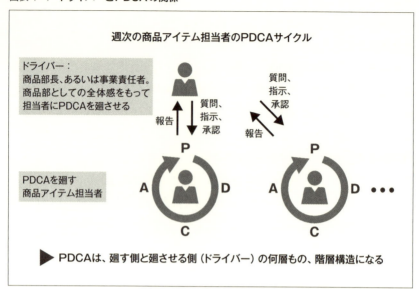

そのためにドライバーは、全体視点をもち、全体としてバランスのとれた動きが実践されているかを見るべき立場になります。

PDCAを廻すためにパッションをもつ

このドライバー役が「見るべきところを見て、方向修正の指示などをしっかりと行なう」、つまりパッションをもって健全な学習がなされるPDCAを廻すために、「指摘すべきことを指摘する」ことが重要になります。

そして何よりも重要なのは、特に当初のPの段階ではドライバー役が上席者として、自身の考えをもち、担当者と納得がいくまでキャッチボールを行ない、具体的な施策（P）に落としていくことです（図表4-4）。

このドライバー役が役目を全うしてはじめて、PDCAサイクルは健全に廻ります。

例えば、かつて米国のGEのCEOであったジャック・ウェルチは、配下の新任マネジャーに直接電話をしてきて「君の部門の仕事はなんだ、ミッションはなんだ」と確認をするなど、ダイレクトなコミュニケーションをいとわずに

行なっていました。

　日本企業ではジャック・ウェルチのようなコミュニケーションのスタイルをとる社長は少数派です。よってPDCAを設計し、起動させるトップの参謀役のスタッフは、会議体の前には、事前に社長など、ドライバー役との詳細な打ち合わせを行ない、しばらくの間は実施方法の調整を繰り返し、入念に理想状態に近づけていくことになります。

「権限移譲」とはドライバー業務を移管すること

　PDCAのCとPの場となる会議は説明されるべきことがすべて言語化されているかを確認する場ともいえます。

　報告会議における担当者のCにおける学びと、次のPDCAのPとのブリッジがしっかりと発表帳票に表現され、説明がなされている状態になってくれば、会議はその帳票をもとにした説明を聞いていればいい状態にもなります。そしてやがて、その資料の提出ですませてもいい状態になります。

　つまり、週次や月次などのルーチン系業務のPDCAについては、この状態になってはじめて、廻す主体を徐々に担当者に移行し「自動航行」できる状態にし、上席者は「計器」を見ていればよい状態をつくり、「権限移譲」を進めることができます。

　言い換えれば、この手順を踏まずに、部下に任せるマネジメントは「権限移譲」とは呼べない、単なる「丸投げ」であり、結果として業務は、属人的な運営となり、事業のマネジメントが不在の状態になります。

　全社視点での各部門のPDCAが廻っていることに責任をもつドライバーは、一般的には最高執行責任者（CEO）である社長になります。

　しかしながら各部門が、全社レベルの意思にそって的確にPDCAを廻している状態ができれば、通常航行時のドライバーの役割は、徐々に部門の責任者に移っていくのが自然です。そうなれば社長は、新たなる成長基軸を探すなど、他のことに時間を使えるようになり、社長は確認会（報告会）で押さえどころだけ見ておけばいいという段階に進むことができます。

「権限移譲」は本来、このような手順を踏んで行なうもので、PDCAが廻っていない状態では行なえるものではありません。

米国でも質のよいマネジメントは、いったん方向性を握れば、日々細かいところまで口出しはしませんが、それでも一般的に四半期の報告会はしっかりと開催し、PDCAが廻っているかどうかを確認します。

世の中のPDCAが廻っていない多くの企業では、戦略や方針（P）を立てたあとに、しっかりとしたPDCAを廻す段取り部分の、この「PDCAの実践設計」の手順を軽視、あるいは飛ばしてしまい、部門の責任者にPDCAのドライバー役を、ただ「丸投げ」してしまっています。

特に事業規模の小さい頃からやってきた人はなかなか、適切にPDCAのエンジンを機能させることに意識が向きません。そして、事業や組織の規模が大きくなるにつれ、自社の組織において部分最適が横行し、必要以上にムダな動きが社内にはびこってしまっていることに気がつきません。事業規模が大きくなってきたときに、組織がうまく動いていないように感じるのは、このためです。組織の規模や癖に応じたPDCAの設計を行なわないと、なかなか物事は動かなくなります。あくまで上席者の視点に基づいてPDCAが設計され、ドライブされていない場合、全体最適の視点をもつ上席者の意思は的確には伝わりません。

結局、自分の解釈、あるいはおかれている組織間の力関係の中で、その戦略や方針（P）が実施され、必ずしも全体最適のかたちでは物事は進まなくなります。

「あの部長ににらまれるとまずいから、この部分はさわらずにおこう」

「まあこの程度でやっておけばいいだろう、どうせそのうち社長も気が変わるし」

「これは体裁を整えて報告しておいて、実際には我々の業績評価に直結する営業を上げることのみ考えよう」

上の押さえがなくなれば、当初の経営レベルの意思でまとめられた方向性

からの乖離が起こるのは、むしろ自然の流れといえます。

　全社視点の経営の意思のもとでしっかりとPDCAを廻すのがドライバーたる社長の役目であり、これはその下の各階層でも同じなのです。

慎重に仕組んで、迅速に立ち上げる「起動」

　PDCAの実践にあたっての最初の課題は、正しく機能するようにしっかりと立ち上げる「起動」時です。

　いくら上手に業務フローを設計し、帳票を設計し、会議体の進行手順を決めたとしても、組織はスイッチを入れれば、決められた手順通りに動くコンピュータのプログラムのようなものではありません。さらに言えば、コンピュータのプログラムであっても、通常は初期段階ではバグ（プログラムのミス）があるもので、やはり、当初の設計者の意図通りには動きはしないものです。

　通常は、トップつきのスタッフ、参謀役の幹部が、「どのように動かすか」をしっかりとイメージして、入念にエンジンを設計し、ドライバー役と打ち合わせを行ない、バグがないように立ち上げ時の準備を行なうことが重要になります。

　新しい会議体をスタートさせる際に、「とりあえず皆を集めて話をしよう。なんとかなるだろう」と言う人がいます。

　しかしながら、会議の主旨や背景がうまく共有されていない場合、さらには誰かの「思惑」が裏で見え隠れしている場合などは、参加者が警戒心をもって、運営が形骸化することもあります。その場の作法を定め、かつその場で会議運営の健全さを見て、コントロールしているものがいなければ、いきなり本来の主旨にそった議論などを始まることなどありえません。

　PDCAサイクルの「起動」時には、例えば事前に会議の核になる方々を発起人として準備ミーティングのために招集し、そもそもの部分からの議論をして意思統一を図ったり、ともに帳票の検討、確認を行ったり、あるいは社内オブザーバーも入れて、討議内容の社内組織への浸透を図るなど、具体的にプ

ロジェクトが起動できるイメージをしっかりと明確に共有できる工夫を行なってはじめて、会議は描いた通り、生きた「あるべき姿」に機能しはじめます。

　PDCAのエンジンの設計、ドライバーが意思をもって動くことに加え、特にこの「起動」をうまく行なわなければ、立ち上げの途中で混沌状態となり、とん挫してしまったりして、PDCAが正しく廻らなくなることになると思っておいたほうがよいでしょう。

3 | マネジメントの役割

　空海が日本にもって来た仏教の展開方法の中に、立体曼荼羅(まんだら)と呼ばれる仏像群があります。これは、まだ識字率も低かった当時の日本で、仏教の教えを、仏像を見ることで伝えようという意図のもとでつくられました。その立体曼荼羅の中央にいるのが如来。そしてその左右には菩薩と不動明王が位置します。

　それ以前の仏教は禁欲的な教えが中心でしたが、空海がもってきた理趣経(りしゅきょう)では「人間の欲がエネルギーの根源になる」という考え方をします。

　菩薩は慈悲の心を表しています。そして一方で、人というものは弱いものであり、どうしても煩悩にとらわれてしまうことがあるため、不動明王は、その人間の煩悩を縛る縄を左手にもち、そして右手には煩悩を断ち切る剣を差し上げています。そして重要なのは、この菩薩と明王は、中央にいる如来が姿を変えたものであるということです。

　如来は、企業で言えばトップである社長にあたります。そして、その社長という人格は、菩薩と明王の、2つの側面の顔を使い分けねばならない、ということになります。

●「お天道様は見ています」状態をつくる

　トップのリーダーシップが弱まっている組織には、「思惑」という煩悩がは

びこります。しかしながら、これを放置したままでは筋の通った経営は実現できません。

　PDCAを廻すマネジメントを行なうということは、事業運営において、起きていることや、判断の理由をあからさまにできるよう、ファクト（事実）ベースで、言葉やビジュアルで理に適った説明をする状態をつくることです。

　そしてこれによって、「思惑」の入り込む余地を押さえこんでいくことになります。

　事業運営における現状起きていることの意味合いの抽出や、なされた意思決定の根拠についての説明がなされるような報告がなされ、しかもそのやり方が、PDCAを廻すたびに工夫されて、よりわかりやすいかたちに進化（A）させることになります。

　その上で、理に適っていない報告、不明瞭な報告には、ドライバー役のみならずギャラリーからも「なぜ？」が尋ねられるようになります。

　これによって「お天道様は見ています」状態を社内につくり出すことができるのです。

　仮に現状では、企業内のリーダーシップが弱まっていたとしても、このPDCAを廻す習慣つくりを丹念に進めることで、たとえ時間がかかったとしても、徐々に理の通った事業運営状態づくりを進めることができます。

自慢させる

　人にポジティブなエネルギーを発揮させることは、マネジメントの最も重要な使命のひとつです。

　真っ向から課題に取り組み成果をあげた者には、自慢をする場をつくるべきです。数多くの課題を抱えるマネジメントの立場であれば、どうしてそのマイナス部分に目が向きがちになるため、成果を披露する場は意識してつくらねばなりません。PDCAによる成果発表会を企画するのもよいですし、定例会議の場の中に盛り込むことも可能でしょう。

リーダーシップ——分業が進んでも、最後までトップに残される役割

　企業が発展していくために必要なのは、ここまでに述べているように発展のためのシナリオである戦略と、しっかりとPDCAを廻していける実践力です。

　ただし、その実践を健全な状態にするために重要なのは、リーダーシップにより安定し、社員が不安なく前向きな課題に取り組める組織です（図表4-5）。

　組織が大きくなり、さまざまな業務が上手に分業され、健全にPDCAが廻っていれば、それに伴いそれぞれの業務の精度が向上していき、競争力は高まります。そしてさらにしっかりした、トップを囲む参謀機能ができ上がっていけば、社長業もうまく分業がなされ、経営の精度が高くなっていきます。注意すべきは、この社長業の分業は、別に、社長が楽をして、その空いた時間にゴルフに行く回数を増やすためのものでもありません。

　課題管理の精度アップや、PDCAのレベルを高めていき、もともとの社長業全体の精度を上げるためのものです。

図表4-5　実践力、戦略、リーダーシップの3つの経営要素

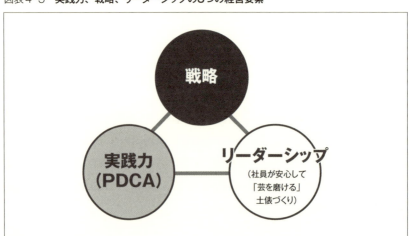

このように、戦略と実践力、そしてそれを支える正しいリーダーシップが存在している状態になってはじめて、企業は健全な成長軌道に入っていくことができます。
　社内が安心して前向きな課題に取り組めるトップのリーダーシップという、社員が前向きに活躍できる舞台を用意し、それによって社員が自身の保身に気を使うことなく思う存分、飛び跳ねることによって、企業は発展します。そして前向きなPDCAが廻ることにより、初期仮説であった戦略もさらにブラッシュアップされていきます。
　またPDCAが廻ると、さらに健全なリーダーシップは確固たるものになっていき、戦略の立案精度も上がるという具合に、これら3つの要素はそれぞれ連関して好循環に入っていきます。

第5章

P・D・C・A、それぞれの作法

1 | PDCAのP ── 最も重要なプランニングの作法

「うちの会社はPDCAのCができていない」と言われる経営層はとても多いです。

実施後の結果が、うまくいかなかったとき、Pの段階での、

- 現状把握の分析が間違っていたのか、どこかに見落としがあったのか
- 意味合いの抽出を間違えたのか
- 実行プランを選ぶ際に、読みに誤りがあったのか

など、Pのどこに読み違いがあったのかを特定することで、その事業の特性や成功のための押さえどころが明確になってきます。そのためにも、組織におけるPDCAではCができるように、Pが記述されていることが大前提になります。

ここでは、PDCAの最初のステップPにおける重要なポイントとして、

- Pの基本作法
- 正しいソリューションスペースの捉え方

について説明をします。

Pの基本作法

Pが企画の基本作法にのっとって行なわれていないと、Cはうまく行なえなくなります。企画には、What-Why-Howを含める必要があります。ここでは、80年代に一般的に使いやすいTQC（全社的品質管理）が流行したときに広がった作法にのっとて説明します。

図表5-1 「時代分析」の例

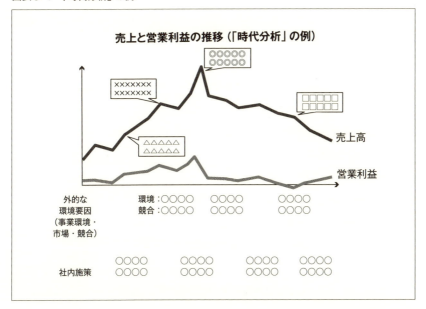

企画（P）をまとめる際には、以下のステップを作法として踏襲します。

・現状把握
・意味合いの抽出と、解の方向性の明確化
・施策の決定
・実行計画の策定

①現状把握──ファクト（事実）ベースの「見える化」

　業務、事業など、Pを行なう課題領域において、「過去そして現状、事業や営業、費用対効果などの実態はどうなっているのか」「過去に行なったPの結果はどうだったのか」を「見える化」し、成功のために必要な因果を明確にしていくための最初のステップになります。

　基本的には、数字などの事実をもとに、良い結果、悪い結果に結びついたであろう原因となるものが見えてくるように「見える化」の工夫を行ないま

す。

　例えば、既存事業の戦略立案時には、その基本分析のひとつとなる「時代分析」（図表5-1）を行なうと、現状を招いた理由が浮き彫りになります。
　縦軸に売上げと利益（通常は営業利益）を表して、横軸を時間軸として、時系列でのその変化を折れ線グラフで示します。売上げと利益は、そのときにとった施策と、競合状況も含めた外的な環境要因によって影響を受けます。
　各年度の大所（おおどころ）の施策をその下に記していくと、何が効いて売上げを伸ばしたのか、実は効果がなかったのか、あるいはマイナスの効果があったのか、などの因果を「見える化」することができます。
　「過去にとらわれてはいけない」と主張する方にお目にかかることがありますが、基本的には「未来は過去の延長線上にあり」ます。
　これによって、

・何が、売上げ、あるいは利益に直接的に影響したのか
・自社の強さはどこにあるのか
・自社は、これまでに、どの打ち手を失敗し、その理由は何か

などが明確になり、そして結果として、「**気がついていなかった、自社の思考や行動の際の癖**」という大切な気づきが得られます。
　人も企業も、自身では気がついていない癖のようなものがあります。その癖に気がついていないと、毎回、同じ間違いを繰り返していることがあります。低迷状態に陥っている企業は、往々にしてなんらかの悪癖を、過去から気づかぬうちに引きずっているものです。
　企業業績の転換点には、上方に向いた場合でも下方に向いた場合でも、必ず何らかの原因があります。その原因を例えば、客数×客単価、あるいは訪問数×成約率などにブレークダウン（展開）して、どこに作用しているかを紐づけを行なって明らかにしていきます。
　企業戦略立案時の最初のステップとして、このようにその際の打ち手や外的要因を明確にして因果をつなげていく作業を行ない、企業がこれまでやっ

てきたことの振り返り（C）を、遅ればせながらも行なうことになります。

　また、もっと短いサイクルのPDCAとして、例えば週次の営業部門の活動の例を考えてみると、自分の販売先テリトリーの中で、先週、どういう活動（D）を行ない、そこでの結果の振り返りを行ない、意味合いを抽出し（C）、自分の学習した事柄を明確にして、当週の活動計画（P）を立てるということになります。

　この場合、先週の訪問先、その実施状況や、進捗状況などをうまく明確に表現して、意味合いをしっかり抽出しやすいシートの設計により、Pの精度を上げることができます。一般的には、このように短いサイクルで定期的に廻すPDCAサイクルの場合は、追いかけて見ていく数字、「管理ポイント」が決まってくるため、報告帳票における、これらの**数字の表現の仕方が重要**になります。

② 「意味合いの抽出」と「解の方向性」の明確化

　事実を「見える化」したら、その事実に基づいて、そこから何がいえるのかを明示することになります。

　現状把握をファクト（事実）に基づいて深く進めることにより、「どこに、どれだけのギャップ（差異）が存在するのか」「さらに細分化して見てみると、その差異の原因となっているのはなんなのか」などが、明らかになります。

　それによって、どこに課題があるのかを特定し、解の方向性を明確にします。

　例えば、このような議論があったとします。

「今期の売上げが悪いのは、商品ラインを新しくしたからだ」
「いや、新しくしていなかったら、もっと悪くなっていたはずだ」
「商品ラインの見直しは、今までよりも、もっと売上げをあげるためだったのではなかったのか」

　かみ合わない議論が延々続いても、平行線をたどるか、片一方が折れるかの選択肢しかありません。基本動作として常にファクト（事実）ベースでの議

論に持ち込み、「空中戦を地上戦に引きずりおろす」ことが必要になります。

　この事例の場合は、まず旧商品ラインの展開期間と新商品ラインの売上推移を折れ線グラフで明示するだけで、商品ラインの切り替えで、それまでの推移の角度に対して変化が起きたのかどうかがわかります。さらにもし、新旧商品ラインが混在しているならば、それぞれを分けて見ればいい話です。

　こうして、理にかなった深掘りを行ないながら、どこに課題があるのかを明らかにしていきます。

　必要なのは「なぜ」を繰り返しながら、どこに問題となるギャップが起きているのかを明らかにし、真因に到達することです。

　トヨタ式のカイゼンの進め方に「5回のなぜ」があります。

　「なぜ、その不良が発生するのか、その真因にたどりつくまで、なぜを繰り返せ」、「なぜも5回も繰り返せば、真因に到達する」と言います。

　現場で起きている問題点への打ち手には、応急対応と、「歯止め」とも呼ばれる再発防止のための恒久対応があります。トヨタの教えの中でよくあげられる例が、以下のモグラの穴への対応です。

・庭にモグラが出てきて困るので、モグラの穴をふさぐのが応急対応
・モグラの巣、そのものへの対応を行なうのが恒久対応

　根にある原因が明らかになれば、対処方法、すなわち「解の方向性」も明確になってきます。

　その事業や役割に精通していないと、的確な「意味合いの抽出」は、なかなかできないものですが、PDCAを謙虚に何度も廻すことによって、「意味合いの抽出」の能力は上がってくるものです。

③施策の決定

　「解の方向性」が明確になれば、次に具体的な打ち手はどれでいくべきかを評価して決定します。

　例えば、ある菓子メーカーが売上下降トレンドの中での売上拡大策を検討

し、コンビニエンスストアのチャネルにての展開戦略を考えたとします。そして、コンビニエンスストアでは、「棚のスペースが限られている」「顧客の来店頻度が高い」という与件から、小型のパッケージを提案しようという「解の方向性」が決まったとします。

ここでメーカーの製品開発担当者が自分の好みだけで、内容量と店頭価格を決めていいものではありません。

例えば、ベストと思われる3つ程度の提案を客観的に比較して、どの案でいくかを評価します。

製品営業担当者が、コンビニエンスストアチャネルのバイヤーと打ち合わせをして、次の3案に絞り込んだとします。

　　第1案：定番の○○味　　　　100g　店頭価格100円（消費税抜）
　　第2案：一格上の△△風味　　 80g　店頭価格100円（消費税抜）
　　第3案：一格上の△△風味　　100g　店頭価格100円（消費税抜）

まっとうに考えれば、第1案にあげた、世の中の認知度もある「定番の○○味」ですが、最近開発されて、味も優れ、販促費もかけて急激に売上げも伸ばしてきている「一格上の△△風味」を、内容量を若干減らして提供するという第2案。そして、さらにその「一格上の△△風味」を100グラムまで増量させ、粗利率は下がるものの競争力をつけて販売量の拡大を狙う第3案と出そろったとします。

これら3つの案についての、メリット面、デメリット面を評価して、総合評価として「この案でいきたい」ということを記述し、トップ、あるいは担当責任者の決裁を受けるというのが、評価をした上での「施策の決定」になります（図表5-2）。どのような施策であっても、プラス面の効果と難易度などマイナスの側面があります。これらをつきあわせて施策の評価を行なうことになります。

④**実行計画の策定**

決まった施策を計画に落としますが、その際に、ドライバーたるプロジェク

図表5-2 「3案の比較」の例

コンビニエンスストアチャネル向け新100円パッケージ3案の比較

		メリット		デメリット	総合評価
第1案：定番の○○味 100g	△	ワンコインの買いやすさという価値	△	他社製品と比べて特別なお得感はない	△
第2案：一格上の△△風味 80g	○	人気のある、一格上の製品のため売り場での注目度が上がる	×	内容量が減り、パッケージが小ぶりになる	△
第3案：一格上の△△風味 100g	◎	一格上の製品が、他社の製品と同じ内容量で陳列されれば、売り場で圧倒的な迫力が得られる	△	原価率アップのため +15%の売上げ増が必要	○

（全て消費税抜100円）

> 事前調査でも消費者の評価は一番高い。+15%以上のインパクトが見込まれる

トの責任者（英語でいうとプロジェクトオーナーという立場）、あるいは上席者にどのタイミングで進捗状況を報告するかを、必ず計画の中に描きこみます。

　これは日々忙しい中では担当者にとっては、悪気はなくても報告用の振り返りをまとめ、報告する業務はうっとうしいものです。自分が報告するとなると、どこからチェックが入ってもよいように、「現場において意図通りに、しっかりと実行されているかどうか」そして「管理ポイントとなる数字をしっかりと確認しておく」などの押さえどころをすべて、確認しておかねばならなくなります。よって、進捗状況の報告については「有言実行」の状態をつくったほうが好ましいといえます。

4つの基本作法の重要さ

　まず、これまで説明した①から④の作法を踏まえてまとめられた企画（P）であれば、その実行に移行してからの検証（C）は、とても楽になります。

・どういう事実に基づいた方向性なのか
・押さえどころは、どこか
・細部の決定事項の前提はなんなのか

　上の3点が明確ならば、実行中にどの部分を確認しながら進めればいいのかも明らかであり、またうまくいかなかった場合に、どこに戻ればいいのかが明瞭になります。
　現実には、この企画（P）の作法にのっとった立案を指示せずに「やっておいてくれ」と現場に丸投げし、しばらくたって「どうだった？」と聞くだけのトップは世の中には数えきれないほどいます。
　その場合には、よほどレベルの高い訓練と躾がなされている組織でもないかぎり、現場がわざわざ手間をかけて、上記の①から④のような作法で、企画をまとめることはまずあり得ません。「トップからやれと言われたからやる」感覚になりがちですから、腹落ちも十分ではありません。
　そして「どうだった？」と聞かれても、自分の頭の中にあることや、印象だけ、それも口頭で回答というレベル感の報告をすることになります。これではたとえまじめに取り組まれていたとしても、とても企画の検証とは呼べない、感覚的であり主観的な報告になります。
　企画（P）が不在ゆえに企画（P）の中のどこに読み違いがあったのか、功を奏したのかという検証になっていませんから、因果がうまくつながらなくなります。
　ある会社の創業者社長が営業マネジャーを全員集めて、このように言いました。
　「いいか、俺が店をやっていた頃、朝15分間正座をすると売上げがよかった。俺は今でも、毎朝15分間正座をしている。お前らも全員、朝15分間正座をしろ！」
　わからないでもない話です。朝の正座は、たしかに集中力も上がり、1日の仕事の生産性も上がるとは思います。
　まだ歴史の浅い会社の中には、首をひねるような経験則が語り継がれていることがあるのは、企画（P）において数値をしっかりと表現したり、因果の

必然性が読みとれる書面化して考える習慣がない、というところにも原因があります。

「ソリューションスペースの定義」がなぜ重要なのか

ソリューションスペースと言われても、ピンと来る方は多くないと思います。

日本語に直訳すると「(仮想の)問題解決空間」という具合の表現になり、さらに得体のしれないものになってしまいます。ソリューションスペースを平たく言えば「問題点がどこにあるのか、そして打ち手はどこで検討すればいいのかを明確にする土俵」です。

例えば、売上高は客数×客単価の算式で考えられます。これが、売上高をブレークダウンした、一番簡単なソリューションスペースです。

そしてさらに客単価は、1品単価×買い上げ点数に分解でき、客数は新規顧客+既存顧客となります。

第3章で述べた、郊外型の眼鏡チェーン店の事例で、集客のための販促手段をダイレクトメールのみに特定するという判断をした社長は、かけた費用に対して、何もしなかったときに比べて増えた分の売上げを推算して、費用対粗利増加分の効果を計算して、それを「販促効率」とし、チラシで集客したときと比べて費用対効果がよいと考えました。

たしかに店前に人が歩いていない郊外型ロードサイドの店舗のビジネスにおいては、いかに販促手段をうまく使って、店まで顧客を連れて来るかが最大の課題です。

この話は、まだインターネット、SNSなどでの集客手段がない場合の話です。

単に売上げの増分のみでこのビジネスをとらえれば、社長の言い分は間違っていません。

ただし、既存顧客はよっぽど差別化されたビジネスでもないかぎり、徐々に減っていくものですから、新規顧客を入れる何らかの打ち手は必須になります。

この新規顧客の下に、「既存顧客の知り合い」「たまたま来店」などのツリー

図表5-3 ソリューションスペースの例（眼鏡事業の場合）

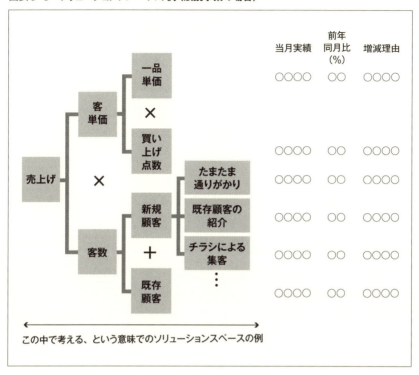

で展開して、その来店客層の実態の調査を行ない、どういう構成になっているかを知っておかねばなりません（図表5-3）。

　全店の立地がよいチェーンであればよいのですが、この会社の場合は、案の定、客数減で苦しんでいる状態でした。結局、この会社にはエンジェル（救いの手を差し伸べる投資家）が現れ、上場を廃止し、買われることになりました。

　ソリューションスペースは、このように、課題を定義するにあたり、押さえておくべき広がりや因果を「見える化」するものであり、そして打ち手の広がりをもれなく確認していくためのもので、平面の上に、二次元で表現するとわかりやすくなります。

　もしこの会社の社長の側近が、このようなチャートを描いて実数を入れて

議論をするか、あるいは社長が適切な外部スタッフと話をしていたら、会社売却には至っていなかったのかもしれません。

　低迷している企業では、このように「思い込み」で打ち手を決めてしまい、結果的に、そのせいで再成長への糸口を自ら封印してしまっている場合をよく見ます。

　特に独裁的な事業運営をしているオーナー企業に見られる傾向です。

　次の3つはすべて、実際にあったトップが命じた制約事例です。

・「賃料は売上比率〇％まで」
・「在庫は欠品させてよし。あまった在庫の金額分は業績給から差し引く。あるいは人事考課に反映させて減給」
・「うちの（食品）商材は、無添加にこだわる」

◎「賃料は売上比率〇％まで」
　これは、あるチェーン店がかつてのブルーオーシャン、つまり競争相手がいないような市場で事業を展開し、郊外へ出店して成長していたときに通用していた賃料比率でした。

　しかしながら今は、より強い競合が現れて、トップの指示通りの範囲の賃料比率で計画が立てられる立地は、2等立地にも至らない人のいない場所で、坪数も小さくなるために、業態としてはまったく魅力のない店ができ上がってしまい、新しくつくる店舗については軒並み、客の来ない、競争力のない赤字店ができ上がっていきました。

　結局、むしろ賃料を比率ではとらえずに、賃料は高いが店頭で通行者の視線をとらえて、来店する顧客が増える立地に展開する方針をとった新規参入した競合企業が、この市場で成長を果たしていきました。

◎「在庫は欠品させてよし。あまった在庫の金額は業績給から差し引く。あるいは人事考課に反映させて減給」
　この方針を掲げていたのは、かつてオリジナリティのあるデザインでファッ

ション雑貨製品の差別化を果たして市場を席巻した企業です。そしてさらに発注在庫数を減らして「今、買わなければなくなるかも」と、顧客に感じさせて購買心理をうまくあおり、かつ商品の消化率を上げて収益性の高いビジネスモデルをつくりました。

　ところが、他社が商品のデザイン力を高め、差別化が難しくなってきたにもかかわらず、同じ方針を貫いていたがために、発注量を決める立場の者が、たとえ売れそうな商品があったとしても数を積み込まないために、企画した商品に「当たり」が出ても、大した売上げにならない、ということが起き、事業規模は徐々に右肩下がりに縮小していきました。

◎「うちの（食品）商材は、無添加にこだわる」

　トップがこう宣言したのは、一般価格帯の食品を扱っていた売上数百億円の加工食品企業は、この宣言のために、消費期限が大幅に短くなりました。企業姿勢としては素晴らしいのです。サルモネラ菌などの食中毒は本当に恐ろしいものです。

　仕入れ先である店側は、消費期限の短い商品は廃棄のリスクが高まるため、この食品メーカーの製品の店頭のフェース数を縮小していき、結局、売上げは数十億円も下がってしまいました。

　市場というものは変化します。それによって、事業の成功要因も変化します。コモディティのビジネスも、ファッション要素のような他の付加価値要素が加わることで、市場における優位性は変化していってしまいます。

　「ゲームが変化する」という表現があります。

　事業を展開していくにあたっては、ソリューションスペースをにらみ、管理すべき重要ポイントの変化を意識することは重要です。

　利益を大きくしたいと考えたプラニングであっても、それは、売上アップを狙うならば、既存顧客の買い上げ頻度を高めるのか、新規顧客を増やすのか、そして、新規顧客のうちのどのくらいがリピート来店して、既存顧客として定着してくれるのかなどを、明確にした上で手を打ち、その結果として、どの数

字が変化したのかを確認しなければなりません。これを行なわないと、因果がつながらない状態になり、顧客のプロファイリングなどはまったくできなくなり、市場との乖離が止まることはあり得ません。

ソリューションスペースのつくり方──MECEとロジックツリー

ソリューションスペースは道筋や可能性を論理的に明らかにする考え方であり、その使い方に慣れてくれば、戦略立案や企画、事業判断の際に非常に有効です。

MECEとロジックツリーで考える

このソリューションスペースをつくるには、MECEとロジックツリーという2つの考え方を使います（図表5-4）。MECEは、Mutually Exclusive and Collectively Exhaustive の頭文字をとったもので、簡単に言うと「もれなく、ダブりなく」という意味になります。

MECEをうまく使えるようになると、問題となっている対象領域を的確に定義できることになるので、迷いのない問題解決を進めることができます。そしてMECEを意識し、そしてロジックツリーを使って階層化を行ない、ソリューションスペースをつくっていくことができます。

このMECEとロジックツリーはプロブレムソービング（Problem Solving、問題解決）のためのすべてのフレームワークの基本となる2大要素です。これらの使い方を習得することを意識し、目指すことで、ほとんどの問題解決の能力を自分のものにしていくことができます。

先ほどのソリューションスペースも、MECEにロジックツリーを組み合わせることでつくっていくことになります。

MECEに考えることで、「抜け」や「落ち」が見える

「その課題が果たして本当に一番重要なのかどうか」が納得できない企画

図表5-4　MECE＋ロジックツリーの書き方の例

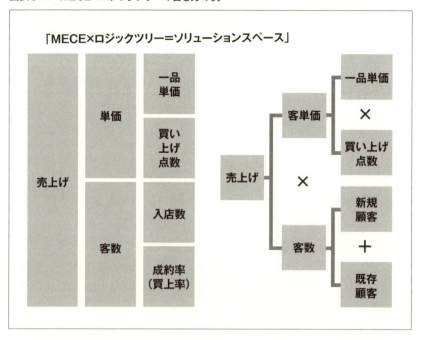

(P) を見ることがあります。これはソリューションスペースが、MECEに「もれなくダブりなく」しっかりと明示されていない場合に起こります。

　かつて日本企業でTQCが盛んだった頃は、ロジックツリーに相当する特性要因図（Fishbone diagram: 通称「魚の骨」）で要因を「見える化」し、そしてパレート図（データを降順に並べた棒グラフと累積比率を表す折れ線グラフを組み合わせた図）を使って、クレームや不良発生箇所などを多い順番に並べ、課題や問題事象の優先順位づけを行なう作法が、生産現場などで広く使われました（図表5-5）。

　しかし、戦略や事業方針立案のための企画 (P) 作業では、課題の特定にあたり、手元にない情報も多く、網羅的に描かれたソリューションスペースをにらみながら精緻に分析作業を進める必要もあり、これがMECEが重要視されるようになった一番の理由です。

　課題を特定していくには、

図表5-5 魚の骨とロジックツリーの比較

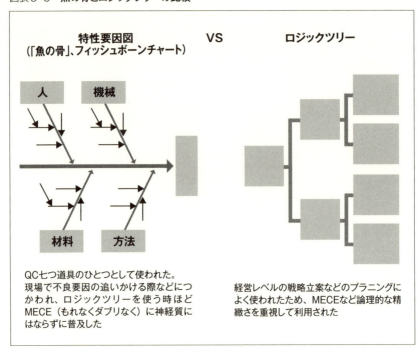

①ソリューションスペースを定義し、検討し「見える化」している対象に「抜け」がないことを明らかにしておく
②その中で、どの課題が重要かを評価する
③評価の結果、優先度の高い課題について、深掘りを行なう

という手順が基本になります。
　また打ち手の、自由度や可能性の範囲を見るためにもソリューションスペースは使われます。

閑話休題15

「思いつき」は、作法にのっとった
PにまとめないとPDCAは廻らない

　若葉マークのトップ、特に若い2世社長に見られるパターンのひとつに、いろいろな「思いつき」アイデアを、どんどん実行させてしまうケースがあります。

　社長がアイデアを出すこと自体は、何も悪いことではないのですが、それが「社長が言い出したんだから、俺らは言われた通りやるだけ」という無責任状態になることはよくありません。

　言い出したのが社長であるかどうかにかかわらず、「思いつき」アイデアも仮説として作法にのっとったPにしなければ、組織のPDCAは廻りません。主管部署を決めるなり、側近のスタッフ・参謀機能がサポートするなりして、しっか

図表5-6　企画のPDCA、ソリューションスペースと仮説思考

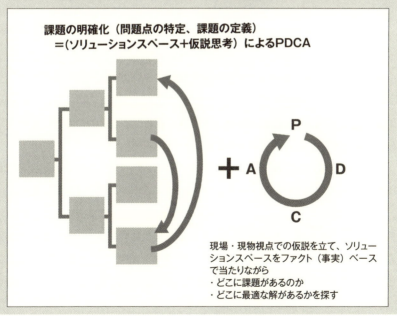

> りとPとしてまとめることをしなければなりません。そうしなければ、うまくいかなかった場合に「悪いのは社長」「失敗したのは社長の責任」「だから俺らは知らない」となり、せっかくお金と貴重な人手をかけたのに、組織のPDCAは廻らず、学習がなされなくなります。

2 PDCAのD
——精度の高い実施があってはじめてCが可能になる

「成功した創業者」たちが心血注いで事業の成長軌道入れに取り組んでいた黎明期においては、一生懸命考えて策定した企画（P）の実施（D）を人に丸投げして自分はゴルフに行くなどということは、まずなかったはずです。

● 意図（P）通りの実施を徹底する——Why（理由）の共有

必ず、自分自身が行なうか、あるいは自身の企画意図通りに実施されているかどうかを、現場において確認していたはずです。

極点な例として、ある会社で新商品の接客トークを徹底させるために、それを丸暗記させ、さらに営業マネジャーを集めて、全員で声を出してその暗記したトークを反復唱和させるという、いささかやり過ぎの感あることまで行なわれているのを見たことがあります。

また、なぜその商品がよいかを、単にプレゼンテーションにて伝えるだけではなく、徹底的な質疑応答を行ない、営業マネジャーたち自身に接客用のトークシートを作成させて、商品理解の徹底を進めている企業もありました。

現場において精度の高い実践がなされるためには、Why（理由）の共有が必須です。ある会社でマーケティング部から現場に発信された製品戦略資料を見たことがありますが、企画の骨格となるWhat-Why-How（何を、なぜ、いかに行なうか）のWhyがほとんど記述されていませんでした。

「わかりやすく、シンプルにするため」というのが理由だそうですが、Whyのない企画書は、「これが正しいのだ。つべこべ言わずやれ！」と同じメッセージになります。Whyをわかりやすく表現して発信することも、実施（D）の精度を上げるためには重要なことです。

現場社員の士気を高めることは必須条件

　以前、米国発のアパレルブランドであるトミー・ヒルフィガーが伸び盛りの頃、米国本社の営業本部長に、そのシーズンのコレクションを解説するために作成したビデオを見せられて驚いたことがあります。

　音響設備もしっかりしている大きな会場で、大画面のスクリーンに現れたのは、鳴き声も伴って空に浮かぶカモメから始まる、エーゲ海の美しい白い街並みでした。

　街を歩くシーンをバックに「このシーズンのコレクションのテーマはエーゲ海をイメージして……」との説明と共に、数十秒の美しいイメージ映像のあと、シャツやカットソーなどの担当バイヤーたちがかわるがわる現れて、「今回のシャツのこの袖ぐりのラインについては、前のモデルよりもさらに改良して……」など、製品を指さしアップで見せながら、今回のコレクションでの工夫や、こだわりのポイントを熱く語るビデオが続き、最後はトミー・ヒルフィガー本人が登場し「今回のコレクションはこのように、みなが力を込めてつくり上げたものだ。みなで、しっかり売っていこう」と熱く語ってビデオは終わりました。

　多額の費用をかけて制作された、極めてクォリティの高いこのビデオは、実はプレスリリースや顧客へのプロモーション目的ではなく、店頭の販売員に向けて、店頭での接客や売り場づくりのレベルを高めるためにつくられたものでした。

　接客業においては、販売員が売る商品のよさを心から理解し、そしてそれを熱い気持ち（パッション）をもってお客様に語り、お薦めすることで、価値が伝わり、売上げが上がるだけではなく、顧客の満足度が上がり、ファンに

なってくれます。

こういうことがわかった上での、商品の販売活動（D）のレベルを高めるための工夫のひとつの例といえます。

また、前述のウォルマートも、しっかりと実施（Execute）できる能力で知られている企業です。社員を大事にし、社員の士気も高く保たれていますし、米国の紳士服業界で着実な成長を果たしてきた、独特の接客システムをもつメンズ・ウェアハウス（Men's Wearhouse）も極めて士気の高く、顧客に親切な企業です。東西かかわらず、現場での実践にあたり社員の士気が高い状態を保つことは、精度の高い実践（D）を実現するにあたっては必須条件です。

企画（P）の意図通りの、現場における精度の高い実施（D）があってこそ、はじめて、その結果の検証（C）が可能になります。

3 PDCAのC
——謙虚に、そして客観的に結果の検証を行なう

検証（C）のための報告の場や、報告のための帳票においては、Dの結果と共に、担当者による理に適った**因果の読み**が明確になっていなければいけません。

そして必要に応じて、ここに分析もそえられることになります。これが全社の戦略、あるいは方針（P）の確認の場であれば全社レベルのPDCAのドライバーである社長は、部署別あるいは事業部別に、理に適ったPDCAが廻っているかを確認しなければなりません。

● **検証（C）を推進する基本——Why「なぜ？」の徹底**

PDCAのDの結果を検証（C）するための基本動作は、PDCAのドライバー側と報告者側で違います。

- ドライバー側は、Why（なぜ？）の徹底、つまり、因果の不明瞭な部分は妥協せずに、徹底的に言語化や視覚化をうながす質問を行なう
- 報告側は、質問が想定される点については、すべて記述がなされている報告書のまとめを行ない、一目で因果がわかり、ドライバーやギャラリーから質問が出ない状態を目指す

　これは戦略策定や、年度方針をまとめる企画作業を進める際のPDCAにおけるトップによる確認（C）においても同様です。企画段階では、その企画を承認する立場にあるドライバーが、その企画の筋が通るまで、徹底的にWhyを続けることになります。そして、それが事業戦略ならば、トップが納得して、自分の言葉で語れるようになるまで、Whyを続けることになります。

　高度成長期のマネジャーは、「お前を信じていいんだな」と企画を承認し、検証（C）段階ではただ難しい顔をして聞いているふりなどということもありました。しかし、現代のような成長基調にない市場と挑戦が必要な市場しか残されていない状況では、理をもって考えることは必須となります。

　また、創業者によく見受けられる独裁型のワンマントップの場合は、「何がなんでも、自分の言う通り、考えている通りにやれ」ということになります。その場合は、PDCAを廻す行為はあくまでトップですから、そのトップの能力の限界までは企業は成長するのでしょう。

　それ以外の、一般的なトップの場合は現場側である部署や事業部が、どう考えて、何を実施し、その結果はどうなったか、そして、うまくいった場合、いかなかった場合、その因果をどうとらえ、そこでなされる説明が正当化かどうかを確認する必要があります。

　この検証（C）のときの基本動作を怠ると、現場側は、自分たちに都合の悪い情報は上げなくなると考えておいたほうがいいといえます。

　ドライバーたる上席者本人がどう思っていても、現場側は上席者を必ずしも聖人君主とはとらえてはいません。上席者が不愉快に感じるような内容を報告したくはありません。そして、一度でも、事実の一部「隠ぺい」が通用すれば、そのやり方は瞬く間に他部署など、横方向にも広がります。その広がる速

図表5-7　Cの帳票の基本骨格

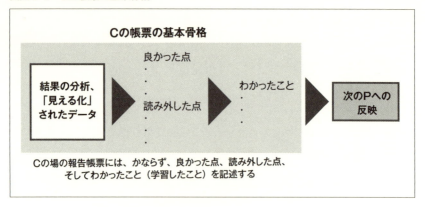

さは本当におもしろいほどといった表現がふさわしいです。

　よって、PDCAに関しては、「ソリューションスペース」を明確にした上で、ドライバーの意思としてしっかりと結果検証（C）の際の報告用の帳票、フォーマットを設計して、記入方法もしっかりと指導する必要があります（図表5-7）。ドライバーはWhyを徹底し、起きたこと、そしてその理由、対策の必然性についての「言語化」を促さなければなりません。そして、自らがWhyを詰問しなくても、Whyがよりわかりやすく表面化されるように、帳票と発表の作法を修正（A）し続けなければなりません。

PDCAが廻っているかぎりは、失敗は叱責の対象ではない

　「失敗は成功の母」です。
　「人は失敗からしか学べない」とも言われます。
　そもそも、経営における意思決定は、研究機関とは違い、常に真剣勝負になります。よって、その真剣に行なったプラニングを行なってみて、それがうまくいかなかったとしても、PDCAによってそれは大きな知恵にとして蓄えられ、その次の2回目のPDCAのPの際には、間違いなく成功の確率が高まります（図表5-8）。
　よって、やってみた結果自体がうまくいかなくても、それは叱責の対象には

図表5-8 「失敗は成功の母」 Pの精度が向上するPDCAチャート

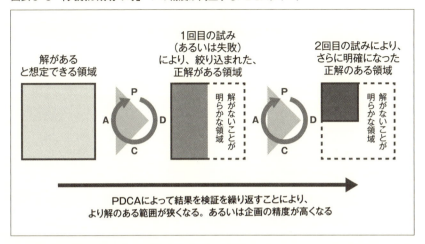

なりえません。ただしその報告には担当者による、理に適った因果の説明は必須であり、それがなされるまで、報告は完了させてはいけません。

　これをしっかり行なうことによって失敗要因がPDCAのたびに明確になっていきますから、PDCAが廻るたびに、確実に成功確率は高まることになります。

　それでも「何度やっても成功しない」ときは、そもそもPDCAを廻そうとせずにいつまでたっても、単に思いつきを実行しているか、あるいは「自分は正しい」とうまくいかない理由を人のせいにする「幼稚なプライド」にとらわれている場合です。そこに「では、君にできることはなかったのか？」と問いかけて、指導を行なうのが、PDCAが精度高く廻っていることを確認するドライバーたる上席者の仕事で、技術的な指導や、本人の姿勢に問題があることを気づかせることが必要になります。

　叱責が必要になる場合があるとするならば、この気づきが必要となる場合なのでしょう。

　またCの質を上げるためには、参加者やギャラリー（見学者）にも、ドライバーが、責任者の意思として、どういうPDCAを廻そうとしているかをその指導の場を通じて見せることも大切です。ギャラリー側もドライバーの意図し

ている方向性を知り、他の担当者のPDCAの技を知り、Do's & Don'ts（やっていいこと、悪いこと）を学んでいきます。

● 失敗隠ぺいのPDCAが廻ってしまうと、組織の「学び」は消える

　マネジメントレベルが甘い企業では、失敗の隠ぺいが横行しがちになります。

　本来、失敗はその要因を分析する対象であり、断じて隠ぺいすべきものではありません。

　しかしながらPDCAが廻っていないことに加えて、単純にトップのマネジメントが甘かったり、あるいは、減点主義の人事がまかり通っている企業、恣意的な好き嫌い評価、偏りのある評価指標に基づいた熾烈な選抜が行なわれている企業では、自分の身を守るためにも隠ぺいがまかり通っているものです。

　人間というものは不思議なもので、隠ぺい工作を行なった場合、何が失敗のポイントだったのかを、本人さえもよくわかっていないという状態になり、会社のお金を使って行なった「せっかくの失敗」から得られる学習が、どこにも残らないことになります。

　また、どんなに頭のよい人であっても、自分の失敗を隠すことに長けている人は失敗の隠ぺいや、他人のせいにする能力ばかりをPDCAを廻して磨いてしまいます。そして自身の失敗を隠ぺいするがゆえに振り返り（C）も行なわず、肝心のビジネスの能力はまったく高められないという、なんともいただけないことになってしまうようです。

　権力欲にかられ、謀略のみに長けた人が上位に登りつめていく組織は、それが国であろうが企業であろうが、例外なく衰退の道をたどります。

　失敗は学習のための投資です。そして、その失敗を価値のあるものにできるかどうかで、人も企業もその成長が決まると言っても過言ではありません。

4 PDCAのA
——方法論を磨き、ビジネスプロセスを進化させる

「PDCAのAは、Cの学習を踏まえたその次のPと何が違うのですか」
こういう質問を受けることがよくあります。

このPDCAのAは、Pを修正するというよりも、事業運営やPDCAの廻し方などの方法論そのものを直して進化させていくための改善行動のActionを意味します。

PDCAが提唱される前によく使われていた、プラン・ドゥ・シー（Plan-Do-See）はPDCAのPDCの部分に相当しますから、それだけでも企画Pの精度は向上していきます。

Aの積み重ねが、今のトヨタの強みを生んだ

PDCAはプラン・ドゥ・シーに対して、次のPに入る前に、自分たちがとっている、やり方、考え方、方法論をより良いものに見直して改善していくActionを行ない、次のPに入ろうという1ステップ進んだ考え方になります。

この進化、改善（A）には帳票の見直し、報告会の進め方なども含まれますし、因果を解き明かすための「見える化」のための分析用のシステムの導入などの大規模なものも含まれます。

このAを積み重ねた最もわかりやすい例が、前述のトヨタ自動車の生産方法の進化です。もともと自動車産業は、米国のフォードが1900年代はじめに始めた画期的な大量生産方式により、自動車の価格が大幅に下がり大衆市場の開拓に成功して大きなビジネスに発展しました。しかしながら80年代になると日本の自動車の競争力が高まる一方で、米国の新車市場が1989年から減少し、米自動車メーカーが経営不振状態になったことが原因で、日米自動車摩擦問題までに発展しました。

当時、米国自動車業界では、単年度収支の帳尻合わせのために、日本の今の一部の家電企業が行なっているように技術者を含めた人員整理を行ない、事業の展開力を削いでいきました。一方で日本の自動車メーカーは、徹底したPDCAを廻すことにより、品質水準を上げながら製品原価を下げることのできるように日々、PDCAを廻して、方法論の改善（A）を進め、体制の強化を実現し、競争力を高めました。
　ものづくりを強化する目的でのPDCAは、

①コストの低減
②品質の向上
③生産リードタイムの短縮

の3軸を改善Aし、レベルの向上をさせるために行なわれます。
　特に品質においては、不良の発生というマイナス要素を撲滅する活動が中心になります。当時、米国のものづくりの感覚では「品質を上げればコストがかかる」という、一見筋が通っているように聞こえる論理がまかり通っていました。ところが日本の製造企業では、品質不良を発生する要因を発見し、コストを上げることなく、不良の再発防止するための工夫に全社をあげて取り組みました。また、コストを下げても品質を下げない工夫やコスト、品質にも影響を与えないリードタイムの短縮に取り組みました。
　このように工程やものづくりの手順の改善（A）によってプロセスの最適化を進め、独自の強みを積み上げてきました。
　これらコスト、品質、納期の3軸上の進化（A）に全社をあげて取り組むわけですから、他社には追随できない事業運営上の強みを生むことになります。
　そして、その中でも市場の嗜好性の変化に合わせることのできる強みを育むのが、3つ目の生産リードタイムの短縮です。製品企画から量産開始までのリードタイム以外に、自動車をつくり始める着工からL.O.（ラインオフ、車体の完成）までのリードタイムの短縮により、市場の変化や、読み違いにも対応できる体制を実現しています。在庫レベルをぎりぎりまで下げることによって、

製造中の仕掛品（製造中の中間在庫）も常に最低限に減らす努力がなされているつくり方ですから、市場の変化に追随して急ハンドルが切りやすい状態になります。

市場追随型の生産システムを築き上げたトヨタ自動車が本当の強さを見せつけたのは、70年代のオイルショックのときです。当時、原油の価格が高騰し、市場は燃費のよい小型車を求めて激変しました。当時は、仕掛品などの中間在庫を抱えて同じものを大量につくる生産方法が主流で、市場の急な変化には対応ができませんでした。ところが、トヨタ自動車は中間在庫が極限まで少ないものづくりを行なっていたため、即座に小型車を市場に投入することに成功しました。

一方、日産自動車が燃費のよい小型車を市場に投入するまでには2年ほどかかり、この間にトヨタ自動車は日産自動車との差を大きく広げたのでした。

閑話休題16

東芝の問題に見る、本質的ではないKPI志向の弊害

2015年の東芝の不正会計の問題に関する報道をよく見てみると、毎年「チャレンジ」の名の下に、ただの帳尻合わせに、社内の中間管理職が振り回されるのが常態化していた様子が浮き彫りになってきます。

現実的には、東芝と同様の不正を犯していなくとも、似たようなことが年中行事になっている企業は数多くあると思います。ただし、よく考えてみるとこれは「利益が出る状態（＝広義の意味での「システム」）をつくることに知恵を使う」のではなく、ただの期末の数字合わせ、つまり「（正当とは言えない方法で）利益を出す」という、なんら事業としての価値を生まないことに数多くの優秀な人材の価値ある時間を使わせてしまったことになります。

理に適っていない無理を通すための「圧」をかけるのが中間管理層の仕事ではありません。むしろこれは、組織の中で最も大切な「信頼」を損なう行為です。PDCAのAは業務の組み立てを見直す基本動作として、さらによくなる状態づくりに進化させるための改善、改革行為なのです。

会議の運営を整流するだけでパフォーマンスは大きく変わる

会議の進め方に問題のある企業はとても多いです。

・流れがコントロールされておらず、誰かの思いつき話に流され、どんどん横道にそれていき、結局、それぞれが言いたいことだけを言って一部の参加者のストレス発散の場となっている会議
・ワンマントップが延々と自説をぶって「ひとりブレスト」を展開し、参加者は「御説ご拝聴」よろしく時間ばかりが、むなしく過ぎていく会議
・参加者がけん制し合って、すくみ状態が起き、どうやってこの場を収束させようかのみを考えている会議
・形骸化してしまい、トップが「とりあえず聞いた」形だけの会議。そして挙句の果てに、トップが決めることができずにそのまま終わってしまう会議

　会議は基本的に、意思決定、伝達、ブレインストーミング、この3つ要素の組み合わせからなります。
　そして定例で開催される会議の多くはPDCAのCからPに連鎖させるブリッジ部分に位置します。
　この会議の運営を正すだけで企業のパフォーマンスは大きく変わります。
　PDCAのCにおいても、帳票類、業務フロー、報告形式だけではなく、会議の進行についても磨き上げる必要があります。特に緊張感の足りない組織では、目的のよくわからない質問や、意味のない質問が飛ぶこともあります。
　そもそも会議には、ギャラリーも含めて多くの人が参加しています。
　仮に5分間がムダな話に使われたとすると、参加者が24名ならば、のべ120分、つまり2時間分の人件費がそこで使われたことになります。上席の方々に加えてさまざまな方が参加し、もろもろ含めた人件費を平均で1時間当たり5000円と考えると、そのわずか5分の間に人件費だけでも1万円が失われた計算になります。

検証（C）の会議は「人、性善なれど、性怠惰なり」の象徴のような場です。
　ドライバーたる事業責任者のパッション、進行・準備役の参謀スタッフの熱意と、知恵、機転があれば、見違えるようにこの場は進化（A）していきますし、放置されれば、瞬く間に、「人の性怠惰なる思惑」が蔓延する場になります。
　基本は、Why so?、What is it? であり、この場はPDCAの「真摯な清流の場」となるようにしなければなりません。

閑話休題17

真因は「人」ではなく「やり方」にあるという前提に立つ

　PDCAが正しく廻っているかぎり、たとえ失敗したとしてもそこから得られる数多くの経験知があります。
　事故や失敗が起きると、その責任の追及がなされがちですが、最優先事項はその失敗の原因、すなわち、どこに読み違いがあったのかを素早く明確にして、手を打つことです。
　「責任の追及はしなくていいのか」と考える方もいると思います。
　責任の追及が必要になるのは、その責任の所在があいまいになっている場合です。つまり、意図的か否かは別にして、本来、原因の追及を行ない、事故の再発防止や、制度やシステムの不具合ポイントの明確化を行なわなければいけないはずの当事者が、その因果を明確にせず、最善の対策をとろうとしていない場合です。
　人はその発達した知能のために、自分の身に危険が及ぶと考えると保身や危険回避の行動をとります。そしてこれが時として、制度やシステムの改善を阻む大きな原因となります。
　よって責任の追及よりも対策を優先する文化、価値観を組織や企業につくることが重要です。特に企業においては、これをトップが経営の意思として行なわなければならないことになります。

第5章　P・D・C・A、それぞれの作法

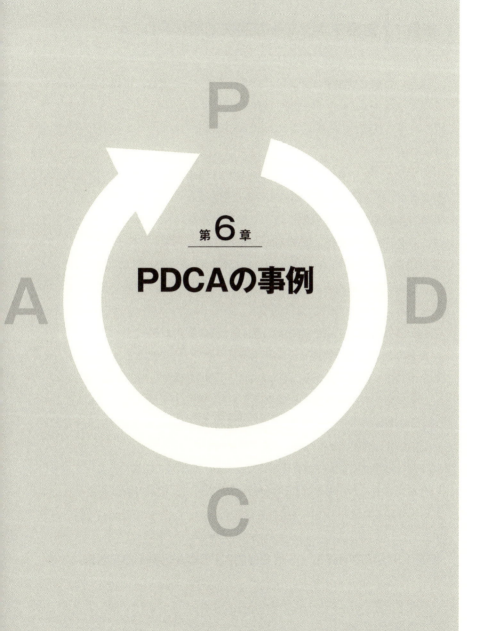

第6章

PDCAの事例

事例1　営業マネジャーの週次活動のPDCA

　複数の店舗を展開するブランドや小売チェーン店には、複数の店舗の運営を見ているマネジャーがいます。彼らは営業マネジャー、あるいは店舗運営マネジャーと呼ばれ、一般的には、担当店舗の売上げについての責任をもちます。

　まずひとつ目の事例として、複数の担当店舗の営業成績に責任をもつ営業マネジャーが、週次で廻すPDCAのあり方を取り上げます。

　彼らが商品の店舗への振り分けをする店舗MD業務を行なう企業もあります。しかし多くの場合、彼らは毎週、担当の店を巡回し、店長の上長として、各店舗での接客販売の仕方や、店での商品の陳列販売の仕方、場合によっては各店舗の商品構成のあり方についても、指示や指導を行ないます。そして営業マネジャーは、通常、週1回程度、本部やエリアの拠点に集まって、それぞれが自分の週次の活動や現場の状況を上長に報告します。

　企業の営業活動の実態を見ると、営業マネジャーの動き方を定義できている企業は多くはありません。そのために一般的にはその動きは属人的になり、さらに、店への指導内容にも個人差があり、何よりも臨店先が、本人が行きやすい店や、売上げの大きな店に偏ってしまっていて、半年の間に1度も顔を出していない店ができていることもあります。

　これは営業マネジャーの責任というよりも、組織図に店舗の営業マネジャーの名前だけをはめ、あとは数値責任だけを決めて、組織の設計が完了した気になっている経営陣の側に問題があります。

手順1　業務の明確化──何を目的にPDCAを廻すかを明確にする

　戦略が実践されてはじめて価値があるのと同じく、組織も機能してこそはじめて組織たりえます。

そもそも組織図を作成する際には、その組織図に描かれたそれぞれの箱の使命と職務責任を明記しなければ、経営の意思として最低限必要な業務指示にはなりえません。

もし使命や職務責任を明示していない組織図であれば、経営側からは「組織の箱に書いてある組織名称を自分で解釈し、自分で考える『それらしい』仕事をしなさい」という意思しか示されていないことになります。

そして現実には、組織図と評価指標となる数値責任を決めるだけで、肝心の業務指示を明確にしていない企業が多いのが実態です。

営業マネジャーの週次の業務はどうあるべきか

担当の店舗を複数与えられ、かつ、その店舗の売上責任を負わされた営業マネジャーの動き方の多くは次のようになります。

平日は、急な退職者、欠員補充などの労務・人事対応や、顧客のクレームなど対応が必要な店などを訪れ、もしそういったイレギュラー対応がない週には、基本的に自身が拠点にしている店に行きます。そして週末には、担当エリアの基幹店舗や大型店で店頭に立って自ら売上げをつくるというのが典型的な週次の動きになります。

ただし本来、マネジャーとして担当店舗全体の売上げの最大化を図ることがミッションであるならば、店舗ごとに売上アップのための課題を特定し、それらを解決して回ることが本来のあるべき職責です。そして自分が週末に張り切って店頭販売を行なうよりも、担当店舗について売上げをあげるための課題が具体的に改善されて、各店舗の努力で既存店前年比が伸びていく状態をつくることが最優先のはずです。

・店頭から通行客に向けての訴求力が弱いために、入店率が低い店
・販売スタッフの接客力が弱く成約率が低い店
・店内の客導線が悪く、一部のコーナーには入店客が入らない店

店長が自店の課題に気がつかずとも、全店舗の数字を見ているマネジャー

は、その店の数字の偏りや異常には気がつくことができます。
　営業マネジャーの職責を考えれば、その業務定義は、例えば、「担当店舗の売上改善のための課題を解決し、全体の数字を上げる」となります。
　しかし、ここで職務内容の指示が明確になされていないと、営業マネジャーは、自分の得意な技に偏った手や、思いつきの手を打つようになります。商品陳列が得意な人はそればかりを店舗で自ら行ない、接客が得意な人はその指導を行ない、それぞれが、自分が感覚的に思いついたことを行なうことになります。

店舗の活性化は「思いつき」の連打では不可能

　小売業では現場の情報に接し、精度の高い仮説をイメージするために店回りは重要です。
　しかしながら小売業のマネジャーやさらにその上の上席者、あるいは社長と店回りをして気がつくのは、店の課題に関しての着眼点や指摘ポイントは、おもしろいほど、人によって異なるということです。

　ある全国的にチェーン展開している小売企業で実際にあった話です。
　低迷状態の店に上席者たちが、かわるがわるにやって来ました。
　ある役員が来たときには「このレイアウトは客導線が悪い」と、什器や棚の位置をその場で変えました。
　その翌日にやってきた営業部長は「何をおかしなレイアウトにしているんだ」とレイアウトを元に戻し、その後に「陳列が悪い」とディスプレイを整えました。
　そしてその翌週に来た社長は「ここの店長は覇気がない」と、すぐに店長を交代させてしまいました。
　ここまでなら「そういうオチか」という話です。
　たしかに店の売上げは店長の腕次第というのはまぎれもない現実です。しかし冷静に考えれば、腕のよい店長の数には限りがあります。
　この会社の営業本部には、優秀なマネジャーがいました。

彼はどの店にいってもしっかりと店の活性化を行ない、店の数字を上げることができました。彼は店舗を訪問する前に、客数、客単価の変化や、商品のカテゴリーごとの数字の全社平均との比較を行ない、どこに問題がありそうなのかをほぼ特定しました。そして店に出向き、その分析に基づいて現場を確認して手を打ち、この店舗の売上げを見事に回復させました。
　実は、このようなことは、科学的なアプローチがまだ根づいていないファッションや小売りの企業では、日々現実に起きています。

　本来、不振店舗の売上げを改善するアプローチとしては、全店舗平均と比べ、

・商品カテゴリーの売上げに、理に適っていない偏りはないのか
・客単価、客数、成約率に異常がないのか
・もしあれば、それはなぜなのか

などから入っていきます。そしてもし、偏りや異常があった場合は、その理由を追いかけ、店の運営の仕方や、商品構成、レイアウトのどこに問題があるのかを特定するという基本動作は、全マネジャーが行なうべきものです。
　それをもし担当の営業マネジャーなどの上席者が、基本数字の把握もなしに現場を見て、自分の思いつきを実施し、かつ、それも功を奏していないとなると、それは企業としては好ましい状態ではありません。
　業務の設計にあたっては、その職務責任として、何を課題として取り組むべきか、そしてその基本動作を明確にすることがポイントになります。ただし、業務の設計に不慣れなものがこの定義を行なうと、必要以上に細かく業務を決めつけてしまったり、重要なポイントを外してしまったりします。うかつに業務の設計や標準化を進めてしまうと、現実とは乖離し、誰も見もしない標準書が棚にしまわれて終わりといったことにもなりかねません。そして、だからといって業務の標準が何もなく、新任のマネジャーがわけもわからずに「何をやればいいんですか？」と聞かざるを得ない状況も困りものなのです。

業務内容の定義と定例の業務設計を的確に行なう

ここでは営業マネジャーの「打ち手」の範囲を、

・店舗の陳列指導
・接客指導
・商品構成の最適化（商品部MD、DB（ディストリビュータ）との折衝により実現）

とします。

そしてこれ以外に、必要に応じて、例えば販促部に、競合他店のPOP情報、新聞チラシの情報をあげて、担当店舗での訴求企画を提案し、事業部長に判断、決裁してもらうような業務も発生するものとします。

こうなると営業マネジャーは、担当店舗全体での、当期、そして中長期の売上げの最大化に向けて、課題を解決し、変化、改善させることが使命ということとします。

本来、マネジャー職にあるものにとって「売上げ」は、自分自身が販売して数字をつくることよりも、担当組織内において、いかに売上げがあがっていく状態をつくれるかととらえられるべきものです。

1週間の中で売上げをあげるための店舗活性化に取り組める店舗数はひとつだとすると、今週、どの店舗を対象とするかについては、営業マネジャーの廻すPDCAの「ドライバー」である営業本部長などの上席者と握るべきものです。

上席者はそもそも、限られた経営資源である部下の時間を使って、その活動の成果を最適化する使命があります。一般的には営業本部長となる上席者は、各営業マネジャーが1週間をどのように使えば、担当店舗の総売上げを当期、そして中長期的に最大にしていくことができるのかを判断する責任があります。

本来、必然的に決まる週次の業務内容については明確に示されている必要があります。例えば、営業マネジャーも週末は店に出て店の状況や商品の動きを把握した上で、月曜日の朝に出力される前週の全担当店舗の営業データ

図表6-1 営業マネジャーの週次業務のイメージチャート

営業マネジャー週次業務（例）

月曜日	火曜日	水曜日	木曜日	金曜日	土曜日	日曜日
			休み			休み
・前週実績の分析 ・前週状況電話確認 ・当週行動計画の作成	週次報告会 ・前週分析 ・当週対応 ・課題店舗対応策	全営業部向け 自己担当ワーク		課題店舗対応	課題店舗対応	

を確認し、課題を抽出して各店の対策案を明確にします。そして、前週の活性化対象店舗の総括を行ない、当週の対象店舗を定め、現状分析と対策の方向性を明確にします。

これらを営業本部長との週次のミーティングで報告、発表して、当週の活性化対象店舗について握り合うということになります（図表6-1）。

現実には、このような営業組織の標準業務の設計がなされていない企業は多く、さらにマネジャーの選抜も「覇気がある」「笑顔がいい」など、トップや上席者の主観的な判断でなされている場合もあり、中には腕よりも、単に弁舌が立つがゆえに登用されているマネジャーがいることもあります。結果としてこれが、店が本来、ポテンシャルとしてもっている力を最大限に引き出すことができない原因にもなってしまいます。

ルーチン（定型）業務においてPDCAサイクルを正しく廻すためには、まずはこの業務の定義、業務設計を適切に行なうことが必要になります。

手順2　週次の会議体を設計──検証（C）して次週の実行プラン承認

週次の報告会は、営業マネジャーが廻しているPDCAの状況を、各マネジャーのPDCAの精度に責任をもっている、上席者である営業統括責任者に報告する場です。

各営業マネジャーの職責を店舗活性化とすると、前週のその活動の結果の報告と、当週の活性化対象候補店舗の計画についての発表を行なうことになります。

①前週の活性化プランの結果の報告
　・売上げ、客数、客単価、買い上げ点数などの「管理ポイント」が、前年同週、前週と比べて、どう変化したのか。その理由は？
　・どの打ち手の効果があったのか。あるいは何を読み違えたのか。その理由は？
　・当週以降、その店については何を課題として取り組むのか？
②当週の活性化プランの発表
　・当週はどの店の活性化に取り組むのか？　その理由は？
　・その店の課題は、何の根拠の下にどこにあると考え、どういう活性化プランを立てているのか？

　この会議における「ドライバー」としての営業本部長の役割は、営業マネジャーの週次サイクルのPDCAが正しく廻っているかどうかの確認です。もし発表内容が理に適っていなかったり、事実の確認が不足しているなどの不備な部分があれば、それを指摘し、因果を正しくつなげるための指導を行なわねばなりません。
　また前週の営業マネジャーの活性化活動が結果に結びつかず、数字があがらない場合もあります。その際、**数字をあげることができなかったこと自体は叱責の対象にはなりません。**
　現実には、「気合いを入れる」という大義名分のもと、数字をあげることのできなかったマネジャーを叱って「圧」をかけ、「叱られたくないから、うまいやり方を探す。誰かのうまい事例を探しにいく」というドライブのかけ方は多くの営業現場において行なわれています。しかしマネジャーの前向きなエネルギーを発揮させるためには、むしろ理をもって「なぜ数字を改善することができなかったのか」の理由の解明に「圧」をかけ、対応策のボキャブラリー（語

彙、打ち手のバリエーション）を組織の知恵にする場にしたほうが、事業運営の効果、効率の両面から考えても好ましいはずです。

　前週の店舗活性化がうまくいった場合は、その営業マネジャーの立てたプラン（P）が正しかったことになります。

　そして、どの店の活性化においても成果を出せる営業マネジャーは、店舗の活性化に関して「再現性」がある成功則を体得しており、腕がよいということになります。

　この会議での報告においては、うまくいかなかったときの、その要因の深堀りと再対策の発表が、真骨頂となります。

　因果を追いかける訓練をしていない営業マネジャーは、往々にして自分の思いつきと根拠の希薄な勘だけに頼って打ち手を施します。営業マネジャーの中には、説明がうまくなくとも、勘が培われていて、結果を出している人もいます。一方、その勘が正しく鍛えられておらず、トップからは好印象をもたれていても、実は、数字を改善できていないマネジャーもいます。

　そもそも、**マネジャーの仕事は、中長期も含めた売上げ、粗利、経費効果などの数字を改善することです**。

　店舗の営業は、自由奔放なクリエイティブさだけで勝負するような業務ではありません。この場は売上げをうまくあげる方法論を見出し、組織として共有していくためにあり、数字のあげ方を、言葉とグラフ化した事実で明確にしていく場になります。

　好ましい発表は、例えば、次のようになります。

　「この店の入っているショッピングセンター全体の売上高、入店客数が前年、前週を、それぞれ○○％、×××％と上回っているのに、自店の入店数は対前年比△△％と低下傾向にあり、前週は、前年対比で、□□％、◇◇人減っています。実際に、この店の店頭はこのような状態で、（写真を見せる）他の競合店舗と比べても、通行客の視線を掴む力が乏しいといえます。よって、今週は店頭のアイキャッチなどの訴求力を改善し、入店数を増やすようにします」

　なお、この例では入店者数をカウントできる入店センサーが設置されている

ことを前提としています。

「この店では、弊社のイチ押しの商品が他店と比べて売れていません。自店への入店客数は減っていないのですが、顧客導線を追いかけたところ、店内の売れ筋を陳列してあるコーナーに顧客が入って来ていません。（顧客導線の調査資料を見せながら）まずは、売れ筋を置いてあるコーナーのボリューム感を高めて、入店客を誘導する磁石効果を高めます。まずはそれをやってみて今週は様子を見ますが、それでも効果がなさそうならば、次週以降はコーナーの配置そのものを変更することを考えています」

「ドライバー」は営業マネジャーに、数字、事実に基づいて、**問題点の因果の読み、施策を導いた理由づけがしっかりわかる発表**を行なう習慣づけを行ないます。

慣れないうちは、うまく因果の仮説を立て、施策を導く流れをうまく説明することができなくても、繰り返していくうちに、理に適った言語化の能力は、例外なく誰でも高まっていきます。

ただし、うまくいかなかった理由を的確に説明する努力をしない人、上席者のアドバイスや他のマネジャーの成功事例などを謙虚に取り入れて、素直に実行することができない、いわゆる「幼稚なレベルのプライド」にとらわれている人もいます。こういう人たちは、理に適った判断をすることができないため、そのままではマネジャー職には、不向きであるといわざるを得ません。

不向きがゆえにマネジャー職を外す判断を行なう前に、上席者からの指導はしっかりと行なうべきでしょう。

「ドライバー」たる営業本部長は、営業マネジャーが前週の活性化がうまくいかなかった場合、次週も同じ店での取り組みをさせるのか、そして何週もうまくいかないことが続いた場合に、さらに継続して同じ店での取り組みを行なわせるのか、どうかの判断が必要です。

手順3　発表用帳票の設計——検証（C）から、次の修正を施した企画（P）を導いた理由が一目でわかるように

　マネジャーの報告内容として、PDCAを廻している連続性のあるつながりが一目見てわかるように「見える化」を行なうためには、発表用の帳票、あるいは報告シートの設計精度の高さが求められます。

　前週の企画（P）を実施（D）した上で、その業務における「管理ポイント」がどのように変化し、どのような意味合いが抽出され、そこでの学びCが明らかにされて次の週の企画（P）につなげます。この一連が一目でわかるような発表用の帳票を設計します（図表6-2、6-3）。

　例えば、この事例の場合では、前週に立案した活性化プランについて、当週第31週の報告の際に、前週第30週までの経緯や打ち手が確認できる、連続性をもった説明、確認が容易な帳票に設計する必要があります。

手順4　手順1～3を見直す——方法論の精度を高める改善で進化

　これまでの手順1～3をしっかりと企画、準備し、進め方の説明会も行ない、帳票も記入サンプルまで作成して完成度を高めた上で、いざ、実際にこれらを使ってみると「この記入用のマスはもっと大きいほうがよかった」「切り口では使いにくい」などの修正点がいくつも出るものです。

　結局、最初の1カ月程度は、ほぼ毎週、発表帳票を見直すことが必要になるものです。手練れである我々プロが、帳票や会議の進め方、業務フローの初期設計をしたとしても、現実の実践移行をしてから、実施状況をつぶさに観察しながら、よりわかりやすく、使いやすく、PDCAの精度が上がるように、さらに修正Aを加えて磨き上げていきます。

　さらに業務定義や「管理ポイント」を見直す改善（A）も、必要に応じて行なわれるべきです。

　PDCAのPDCに相当するプラン・ドゥ・シーのサイクルを廻すだけでも、

図表6-2　営業マネジャー　店舗活性化PDCA発表シートの例

第31週　店舗活性化シート：P（活性化計画用）
第30週の結果　　○○店（店長：○○○○）

評価 △	前週比	当週実績	前年比 館全体売上	差異	評価
売上高	89.5	**109.8**	103.7 ブランド全体 100.7	+6.1 +9.1	○ ○
客数	91.4	90.0	108.2	−18.2	××
客単価	97.9	97.2	93.1	+4.1	○
商品カテゴリー A	85.0	80.0	88.3	−8.3	×
商品カテゴリー B	86.3	86.8	104.4	−17.6	××
商品カテゴリー C	95.9	129.7	109.7	+20.0	◎

第31週の具体的施策

①カテゴリーA、Bの店頭訴求の強化による入店促進。及びA、Bの店頭ディスプレイ改善と店舗担当者への指示
・カテゴリーA、Bの店頭在庫の積み上げ方とPOPの配置、店頭在庫補充のタイミングの指導
・SC通路側へのカラー提案の訴求方法の変更
②商品ゾーニングの確認と見直し
・カテゴリーA、Bの商品配置の見直し
・導線上から見たマグネット（磁石）売り場の確認と魅力度アップ。必要に応じて導線調査を実施

図表6-3　営業マネジャー　店舗活性化PDCA発表シートの例

第31週　店舗活性化シート：C（報告用）
第30週の結果　　○○店（店長：○○○○）

評価 △	前週比	当週実績	前年比 館全体売上	差異	評価
売上高	89.5	**109.8**	103.7 ブランド全体 100.7	+6.1 +9.1	○ ○
客数	91.4	90.0	108.2	−18.2	××
客単価	97.9	97.2	93.1	+4.1	○
商品カテゴリー A	85.0	80.0	88.3	−8.3	×
商品カテゴリー B	86.3	86.8	104.4	−17.6	××
商品カテゴリー C	95.9	129.7	109.7	+20.0	◎

第31週の施策P

①カテゴリーA、Bの店頭訴求の強化による入店促進。及びA、Bの店頭ディスプレイ改善と店舗担当者へ
②商品ゾーニングの確認と見直しの指導
③プロパー品の打ち出し強化。ただしセール需要に対応するため、全カテゴリー、セール品の消化促進策

残された課題

担当営業マネジャー：○○○　作成日：　年　月　日

○○店　第30週の結果の総括

（当週の結果）
前週から売上が大きく下がっているのは出店しているSC（館「やかた」）が前週開催した「ポイント3倍キャンペーン」終了の反動
（商品）
前年実績、ブランド平均を下回っているカテゴリー A,Bにおいて、動きが良いのは廉価商品。バンドル値引きによる複数買いが奏功。カテゴリー Cの新規投入プロパー品のみが好調
（営業）
買い上げ客数の減少傾向が改善されない。特にカテゴリー A、B

現時点で想定される課題
・店頭での打ち出し、ディスプレイ技術の不足。店舗におけるカテゴリー A、B担当者の店頭訴求力に課題あり
・カテゴリー A、B売り場の回遊性の悪さ

③プロパー品の打ち出し強化。ただしセール需要に対応するため、全カテゴリー、セール品の消化促進策を施す
・Sランク最優先打ち出し品の見せ方の確認
・セール品の店頭打ち出し状況の確認。

> 必要に応じて、推移グラフ、レイアウト図、チャートなどを添付

担当営業マネジャー：○○○　作成日：　年　月　日

第31週の結果

評価	前週比	当週実績	前年比			
			館全体売上	差異	評価
売上高			ブランド全体		
客数					
客単価					
商品カテゴリー A					
商品カテゴリー B					
商品カテゴリー C					

第31週の結果の総括C

> 必要に応じて、推移グラフ、レイアウト図、チャートなどを添付

業務の知恵を積み重ねていくことができます。そしてさらにそこに、この方法論の進化Aというステップを加えたPDCAを真摯に廻すことは、事業運営の方法論そのものの精度を高め、進化させることになります。

事例2 売上げ、収益を最大にする商品部のPDCA

事例の2つ目としては、多くの企業に共通する課題となる、収益性を最大化していく商品部のPDCAを廻す例を取り上げます。

ここでは、コモディティ製品よりも難易度が高い、商品やサービスの価値を言葉で説明することが難しいファッション要素などを含む付加価値商品のビジネスを対象とします。そして、商品の売上げと、商品投資（＝仕入れ）に対する収益性、すなわちROI（Return On Investment、投資収益性）を、PDCAを廻すことにより、いかに最大化していくかを説明します。

コモディティとファッションの違いは

BtoCのビジネスには、ファッションなどの付加価値ビジネスとコモディティビジネスという分け方があります。

例えば歯磨き粉は、「歯を白くする（見せる）」「歯垢をとる」「舌でさわったときの歯の感触を改善する」など、商品価値を高める指標が比較的わかりやすいコモディティ製品です。

コモディティ（日用品、機能品）ビジネスの価値は、価格、機能、利便性（手軽さ）の3軸で市場にとっての価値を評価することができます。市場において、それらの軸上での優位性を認められた商品やサービス、業態が勝ち残っていくことになります。

そしてこの機能性の価値に、さらに「楽しさ」「心地よさ」などの感覚的な価値の要素が加わったものがファッションビジネスということができます（図表6-4）。

図表6-4　差別化の3軸

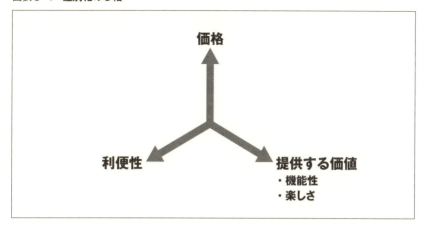

　ファッション的な価値とは、例えば「パッケージが楽しい」「素敵」「きれい」「かわいい」「もっていておしゃれ」、あるいは「いけてる」や「ヤバイ」などの、価値を定量的に述べることが難しい、感性による評価を加える価値のことになります。

　ファッション要素が加わったビジネスにおいては、この感性に訴えかけている価値の何が顧客に評価されたのか、そのあたりどころを探っていかねばならないという難しい課題が加わります。

　また、当初コモディティ価値で訴求していた商品が「価格」「機能」「利便性」という軸上での競争の末に、新たなる差別化の軸を求めて、さらにファッション性の付加価値要素を取り入れていく例は数多くあります。

　例えば、シャープペンシルは、今から50年ほど前に市場への普及が始まった頃は、当時の価格で1本1000円を超える製品が主流でしたが、市場に普及して量産化が始まると一挙に低価格化が進みました。そしてさらに書き心地の追及や「芯が折れない」「長く書いていても疲れない」「ノックをしなくてもいい」などの機能性の追求が進み、最近では、芯先が回転して線の太さが変わらない、三菱鉛筆の「クルトガ」のような製品も開発されました。

　そして今ではファッション要素である「かっこいい」「かわいい」「品がいい」「ステイタス」という、書くこと以外の付加価値軸も極めて重要な要素となり、

サンリオのキティちゃんなどのキャラクターのついた「ファンシー文具」という領域も確立され、「使う」だけでなく、「もっていてうれしい、楽しい」という付加価値が、購買行動を促進するまでに至っています。

このように、コモディティ化が進んだBtoC商品も、差別化要素として感性に訴える価値が加わっていくことがあります。

先端的商品とフォロー型商品

ファッションは、まだ見ぬ感性、アイデアをかたちにしていくことから始まるビジネスです。

そして商品開発者にはその感性が求められ、世界の先端ブランドのデザイナーたちはこの感性に長けています。一方、あるデザイナーが創出し、ヒットさせたデザインは、その製品を真似た、より普及価格での製品が登場し、展開がなされます。

かつて、プラダがプラダナイロンと呼ばれる光沢感とドレープ感を兼ね備えた素材を使った黒いコートを日本円で十数万円で売り出し、世界的に大ヒットさせました。すると翌年にはそれより少し下の価格帯の欧米のブランドで「似寄り」のコートが数万円で展開され、さらにその翌年になると、日本国内のセレクトショップで量産化された製品が2万円台で売られます。そして、それからしばらくするとイトーヨーカドークラスの店において、1万円弱で同じようなコートの廉価版が売られる、というように普及化が進みました。

このようにファッション要素のアイデアはより低い価格帯の商品群に普及してコメディティ化が進む傾向があります。

ファッションビジネスにおいては、自社のブランドや業態のポジショニングによって、対象客層にとっての先端的商品とフォロー型の商品をどのくらい扱うのかという比率がほぼ決まります。

手順1　業務の定義、そして業務設計

　商品部の業務については、事業の売上げと収益性の鍵になっているにもかかわらず、その分析や判断の仕方については、分析用のエクセルシートの設計や算式まで、商品部の担当バイヤーに任せっきりになっている企業はかなりあります。よって、発注数量を決め、売り切りの判断の仕方もバイヤー任せになっている企業は、意外に多いものです。

　しかしながら、取り扱っているアイテム特有の事情でもないかぎり、商品部の業務の判断の基準や手順が担当者によって変わるのはおかしな話です。そして、その商品のセレクトと発注量によって、その事業の売上げや利益幅は大きく左右されます。よって、正しいPDCAサイクルを廻すためには、その業務の目的、そして押さえどころになる「管理ポイント」を明確にして、業務設計を行なうことが必要になります。

　ただし、精度の低い業務設計やシステム導入が行なわれ、かえってバイヤーたちの仕事に足枷となるようなシステムをつくってしまっている企業も見受けられます。

　業務設計は、何を目指して何を行なうのかをしっかりとした経営視点で行なわれるべきものです。

業務を明確に定義する――自社のMDは何を目指すのか

　MD（マーチャンダイジング）という言葉は、企業によっても使われ方や概念に違いがあります。

　担当アイテムをもつバイヤーを統括する立場の方をMD（ここでは、マーチャンダイザーの意）と呼ぶ場合もありますし、ブランド全体の商品の発注数量の決定、値下げのタイミングの判断、売り切りの促進判断を行なうものをMDと呼ぶ場合もあります。また、バイヤーの上級者レベルの職位として、仕入れルートの開拓なども含めた、担当アイテムの収益性の最大化のためのすべてを行なう能力をもつ方をMDと呼んでいる会社もあります。

この事例ではMDを半期単位で商品構成を企画し、仕入れ、あるいは企画・製造して販売し、得られる利益幅を最大化する業務として説明していきます。

仕入れた商品を販売し、収益の幅を拡大するための判断をリアルタイムにしていくためのPDCAですから、このMDを説明する言葉としては「商品経営」という表現も適切といえるでしょう。

MDにおける4つの機能

MDに求められる機能は、規模や企業によって若干変わりますが、ここでは基本の4つの業務に分類します。

・商品企画方針、商品構成設計（商品構成の基本方針を企画し、設計する）
・発注数量の決定：売り切りの期初、期中の判断（商品の収益性の最大化に向けた意思決定。この機能をMDと呼ぶ企業もある）
・個々の店舗や、各売り先（チャネル）の商品構成・品揃えの最適化
・現実に今ある在庫を、店舗に振り分けるDB（ディストリビューター）

「商品企画方針、商品構成設計」は、目標収益の見込みを盛り込んで、そのシーズンの商品構成を、企画方針にそって全体のバランスの最適化を目指した設計を行ない、商品のデザイン、バイイングを行なえるようにします。価格帯や商品アイテムカテゴリー、そしてテイストなどの重要なくくりにおけるバランスを最適にするために、構成比をマトリクスによって「見える化」し、個々の商品のデザインやバイイングのための企画数、発注数バランスを与件として明確にし、収益の基本構造をつくり込みます。

「発注数量の決定：売り切りの期初、期中の判断」は、その半期の商品販売による収益性を最大化するために、各製品の発注数量を定め、そして期中も各アイテムの消化状況を常に見ながら判断をする役割です。必要に応じて追加発注を行なったり、消化状況の悪い場合は早期の値下げや移動の判断を行なったりして、半期においていかに多くの収益を稼げるかを進めていきます。企業によっては、この役割をMDと呼ぶ場合もあります。

「個々の店舗や、各売り先(チャネル)の商品構成の最適化」は商品を展開する売り先、売り場における商品構成の最適化を進めます。この役割は、店舗MD、エリアMDと呼ばれることもあり、店舗運営部がこれを行なう企業もあります。

商品に嗜好性が強くなればなるほど、店やチャネルの立地、地域性などに売れ筋は左右されます。

例えば女性靴などは、同じ百貨店チャネルで展開していても、立地、店ごとに売れ筋は大きく異なります。例えば、新宿にある伊勢丹にはトレンドやアイデアの面で先端的な商品を求める顧客が集まりますし、同じ新宿エリアでも京王百貨店であれば年配層の女性が数多く来店し、落ち着いたデザインで履き心地のよい靴を求めます。またこれが銀座エリアになると、国内のみならず、アジア圏の観光客も来店し、雑多にさまざまな靴が売れていくことになります。

また、アパレル大手のワールドが百貨店チャネルを中心に展開している「アンタイトル」は単一ブランドとしてはこのチャネルでは日本最大規模の売上げを誇り、数多くの百貨店にて展開がなされています。そして期中であっても店舗ごとの商品構成の修正と最適化を、PDCAを廻して進めるために、同じブランドであっても、例えば、新宿伊勢丹店と近鉄百貨店上本町店とでは展開されている商品構成がまったく違うというようなことが起きます。

店舗やチャネルの客層を踏まえて、売れ筋商品を配置し、さらに期中の売れ筋を他店舗と比較しながら明らかにして、さらに商品構成を最適にして調整する役割であり、店舗やチャネルごとの商品経営を担う役割になります。

「DB(ディストリビューション、ディストリビュータ)」は、現実にある商品在庫の店舗への振り分けを行なう役割です。

店単位での売れ筋商品がわかっても、現実には多くの場合、売れる商品はどこの店でもすぐに欠品します。そして一方では、発注数が多すぎて期中の売り切りが危うくなる商品も出てきます。

これは発注精度の低さの問題だけではなく、他の競合店でも、似寄りの商品が積み上げられていれば、市場ではそのニーズに対しては、供給過剰状態

になってしまうこともあるためです。

　DBは追加発注分の店舗着のタイミングなども踏まえて、実際に手元にある在庫の消化率の向上を図るために、全体視点をもって店やチャネルへの「振り分け」を行ないます。

収益構造と、その数値責任の定義

　商品経営という視点からも各カテゴリー単位で「どれだけの金額を元手として商品を仕入れ、それを販売（あるいは換金）して最終的にどれだけの利益を稼いだのか」がわかるようにしなければいけません。

　しかしながら、重要な経営課題であるはずの最終収益の最大化については、その管理精度を高めることのないままに、各バイヤーの属人的な判断と運営に任せてしまっている企業が多いのが現実です。

　このMDの最適化を進めるためのPDCAを廻すためには、その事業や業態の特性に合わせた収益構造を見極めた上で、それを「見える化」できるようにした指標体系が必要です。

　ここでは典型的な指標体系を例にあげます。

　商品の販売による収益を最大化させるためには、売上高をあげることと同時に、商品のROI（Return On Investment: 仕入れ高に対する商品粗利の収益性）を向上させることが目標になります。

　商品のROIは、そのシーズンの総仕入れ額に対して、どれだけの粗利益を稼ぐことができたのかという見方であり、この商品のROIの収益構造をソリューションスペースとして明確にする必要があります。

　商品のカテゴリーごとに、ツリーの数字をどれだけ改善させることができるかを見ることになります。前年同シーズンの実績に対して、粗利率、商品点数などの基本数字をどれだけ向上させることができているかだけではなく、管理すべき重要な管理項目についても、企画精度や発注精度を向上させるために、数字による「見える化」を行ない、初期段階の設計精度の確認を行ないます。

図表6-5　商品のROIツリー

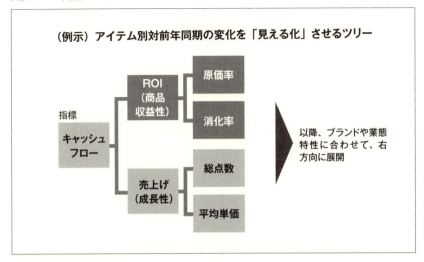

　商品経営におけるソリューションスペースであるROIツリー（図表6-5）や、その中にある指標については、事業特性に合わせて、半期のPDCAサイクルを廻すたびに、毎年、より最適な指標の追加や入れ替えなどの見直し（A）を進めることが望ましく、特に初期の頃は毎半期ごとに、しっかりと方法論のブラッシュアップAをする必要が出てくるものです。
　このツリー体系の精度を上げて進化（A）させることで、MD精度をさらに上げることができるようになります。
　なお、MDをさまざまな角度から「見える化」できるMDシステムがあると、このPDCAサイクルは最強といえるものとなり、どこよりも素早く商品精度を高めていく体制をつくることができます。

シーズンと週次のPDCAサイクル設計と「管理ポイント」の明確化

　MDは経営の根幹部分に位置し、かつ事業の成長と競合状況の変化によって、より高度なものが求められるようになります。よって経営視点での「管理ポイント」を明確に定義しておかないと業務精度の向上が後れをとり、事業の低迷状態をつくる大きな一因をつくってしまいます。

ここでは、商品のPDCAを、半期を想定したシーズンのMD方針と週次の2つのサイクルに分けて考えます。

(1) シーズンのMD方針――まず、昨シーズンの検証から

半期サイクルのMDの方針（P）として「どういう企画方針のもと、各アイテム、テイスト、価格帯の商品を、バランスをとって、どのくらいの品数、仕入れや開発するのか」「そしてそれぞれを、どのくらいの数だけの在庫を発注するのか」、商品企画と発注数量の全体バランスの方針を決めなければなりません。

まずは、前年同期の振り返りである前年同シーズンの検証（C）から始まります。

前年同期の実績の分析から、何が足らなかったのか、何を過剰に発注してしまったのか、そして本来正しい商品構成のバランスはどうあるべきだったのかを、価格帯や、アイテムバランス、テイスト（保守的、トレンドなど）のマトリクスから明確にします。

この前年同シーズンの検証（C）が、商品構成企画（P）を作成するための前提となる与件になります。

さらに情報がとれる場合は競合店では、何が売れ筋だったのか、そして、その競合店が好調だった場合は、その理由はなんだったのかを客観的に分析できれば、より精度の高い検証、振り返り（C）になります。

そして、さらに与件として、

・直近のマーケット傾向
・今期に予想されるトレンド情報

を加味し、さらに自社がマーケットリーダーの場合は、今シーズンの商品展開では、何を自社の「意思」として仕掛けるかを明確にします。

これらを反映させた上で全体構成の基本設計となるマトリクスを作成し（図表6-6）、商品経営における事業責任者の意思を明確にさせた初期企画となる

図表6-6　シーズン単位の商品企画の全体構成

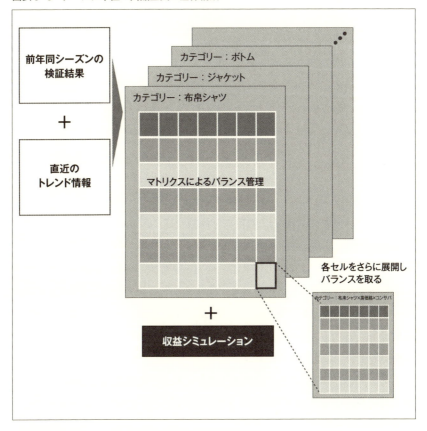

商品構成案（P）をつくり上げることになります。

　この商品構成案（P）は、事業の売上げと収益性、そしてキャッシュフローを大きく左右します。よって本来、事業責任者である社長、あるいは事業部長による承認を受けたあとに、バイヤー（仕入れ担当）、デザイナーがそのマトリクスを商品で埋めることになります。

　この事業の責任者が、MDのPDCAのサイクルに責任をもつドライバー役になりますので、この承認の場で商品構成案（P）が正しさを示す与件のひとつである、前年同シーズンの検証（C）を説明する必要があります。

　MD精度の向上によって見るべき数値は、商品の仕入れ額に対する収益額、

つまり、

・商品の売上高の向上
・商品のROIの効率追求

の掛け算になります。
　この商品構成案（P）の作成時には、自社のROIのツリーに基づき、前年よりも改善を見込むための収益シミュレーションは必須になります。

◎シーズンのPにあたっての「管理ポイント」
　個々の商品の発注量を決める際に、「傾斜発注」あるいは「ランキングMD」などと呼ばれますが、商品の売れる見込み、いわゆる「商品のもつ力」によって発注量に差をつけます。
　最も多く売れるともくろんで大量に発注するSランク商品。そして、その次点のボリューム販売を見込むAランク商品、以降、Bランク、Cランク商品と続きます。
　多くの場合、Cランクの商品は、その後の展開を意識した、いわゆる「アタリを見る」ための試験的な商品であったり、あるいは売り場で目立たせて、店前の誘引材料とするなどの特別な機能をもった、少量の発注を行なう商品と位置づけられます。
　なお、これらの商品を実際に売り場にて展開を行なうと、期初の企画段階のもくろみとは、また違った動きが起こるものです。

◎重要な「管理ポイント」である適正な品番数×在庫量「奥行」の考え方
　商品の発注には必ず「仕入れ予算」があります。
　この「仕入れ予算」枠をにらみながら、枠内に収まるように商品の仕入れを進めます。
　自分の発注の腕に自信がないバイヤーは、どうしても発注する商品点数が増えがちになります。

図表6-7　三角形の上、横の拡縮の絵

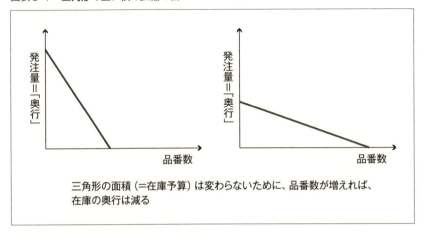

三角形の面積（＝在庫予算）は変わらないために、品番数が増えれば、在庫の奥行は減る

「Xは売れ筋だと思うけど、Yもある程度は、欲しがるお客さんがいるだろうし……。そう考えると、Zだって欲しい人はいると思う」

こう考えてしまうと、どんどん発注する商品の品番数が増えていきます。

商品品番ごとの発注数を「奥行」と呼び、そして全発注品番の「奥行」を足すとその期に発注する総在庫になります。

「仕入れ予算」の制約がなければ、好きなだけ品番を選び、好きなだけ「奥行」を積むことができますが、現実には「仕入れ予算」があり、言ってみれば三角形の面積が決められている状態です。品番を増やすと、その分、どれかの品番の「奥行」を減らさなければならなくなり、三角形の高さが低くなり、三角形の底辺はどんどん横に広がってしまいます（図表6-7）。

これはMD精度が甘いままで放置されている多くの企業で起きていることですが、実は、売上げがつくれなくなる大変恐ろしい現象なのです。

一般的に経験のあるバイヤーには、売れ筋はある程度は読めているものです。

ところがバイヤーが「自信」がないと、あれも、これもと「押さえ」の発注を行ない、どんどん品番が増え、横方向に広がり、左側のSランク品番の「奥行」が減ってしまいます。

図表6-8 　X店と、Y店の在庫の持ち方

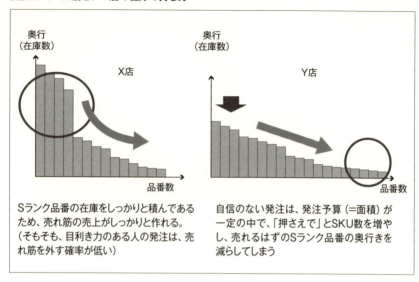

よって、バイヤーの読みが当たってSランク商品が売れても「奥行」が少ないために、すぐに売り切れて終わってしまいます。

　企業によっては店ごとに仕入れ予算を与え、発注権限をもたせている場合があります。これは実際にあった例ですが、あるファッションアイテムを売るブランドが、ほぼ売上規模も客層も同じ百貨店の2つの店、X店とY店に出店していました。

　ところが不思議なことに、本来同じ程度の売上げになっていいはずのこの2店舗には、売上げに2倍以上の差が生じていました。

　その差の理由を調べてみると、この2店舗の店長の発注の仕方に違いがあることがわかりました（図表6-8）。

　Y店の店長は、あれもこれもと「押さえ」として発注する品番数を増やしてしまい、せっかく自身で見極めたSランク商品についての「奥行」、つまり手持ちの在庫が少なくなり、店頭展開直後の1～2週で、Sランク商品はほぼ欠品状態になっていました。

　これに対しX店の店長は、SからAランク商品については、Y店の店長の2

～3倍の奥行をもたせ、特に本人が「これだ」と思ったSランク商品はなんと5倍ほどの量を積み込んでいました。当然のこととしてX店が展開している品番数はY店に比べて、圧倒的に少なかったわけです。

　X店の店長は、毎シーズン、発注量を決めるたびに、自分の目で選んだSランク商品がどのくらいの期間で売り切れるのかを確認し、Sランク商品については果敢に、「奥行」を増やしていきました。これによって、まさに個人で考えながらPDCAを廻して、大きな売上げをつくりました。

　この例においては本来、本部の商品部側が、S、A、B、Cランク別商品の発注量比率を示した店長用の発注ガイドとなるテンプレートを用意していれば、このような大きな差は出なかったはずです。

　Sランクの売れ筋商品が、メーカー側、仕入れ先にたっぷりと在庫があれば追加仕入れをすることはできますが、通常、売れ筋については、多くの場合メーカーの在庫もすぐに尽きてしまいます。ましてやオリジナル商品の場合、追加生産分が納入されるまでのリードタイムの期間は欠品状態になります。

　さらにファッションビジネスにおいては、売れ筋商品は、実に一瞬にして在庫がなくなって欠品状態になるものです。

　別のある企業で調べた場合も、同じようなことが起きていました。実際に、主力カテゴリーの定番のSランク商品が実質的に欠品するまでを調べてみたところ、こちらも店舗に展開してから1.5～2週間でした。この店で扱っている商品は、ファッションというよりも、コモディティ色の強い商品であり、販売期間もおおよそ2カ月と長いため、Sランク商品については、今の4～5倍は発注しても大丈夫で、確実に売上げをつくれる機会を逃していたことがわかりました。

　一般的には、経験のあるバイヤーが見立てるSランク商品の読みが外れる確率は低いため、大幅に仕入れ量を上乗せしても、発注量を増やした品番の稼ぐ粗利益の増加分から、過去実績から想定される読み外れ品番によるロスを差し引いても、粗利の増加分が勝る場合が多いことがわかっています。ただしバイヤーにとっては、大量発注となるSランク商品の発注量の決定は、常に恐怖心がつきまといます。

数字の上がらないバイヤーの共通点は、

・これまでの販売実績の分析が甘く、理に適った考え方による売れ筋を見出すことができない
・Sランク商品を見出せていても、その商品を積みますのが怖くて、発注量決定時に腰が引ける

の2点です。

その恐怖心を軽減し発注精度を高めるためには、発注とその結果の「見える化」の工夫が必要です。そしてPDCAを廻しながら「見える化」の精度も高め（A）、バイヤーが自分の発注に「自信」がもてる状況をつくり、どのレベルまでSランクの「奥行」を積み上げても大丈夫かを明らかにすることが必要です。

消化率も高く、売上げも高く、結果だけを見ると一見、優秀なバイイングがなされたように見えるのがSランク商品です。

しかしこのように、ほぼ100％消化に至った商品について、その実質的な欠品状態に至った時期をあとから調べてみると、多くの品番が当初もくろんでいた展開期間中よりかなり短い期間で在庫が切れてしまっていることがわかります。よって、先ほどの百貨店X店の売り場の店長のように、このPDCAをしっかりと廻すだけで、売れ筋の在庫量は増え、売上げは大幅に上げることができるようになります。

かつて、今よりもコモディティ色の強かったイトーヨーカドーの売り場において、今の鈴木敏文会長が旗を振り、「業革（業務改革）」が行なわれた際には、まるで念仏のように「死に筋の排除」「単品管理」が唱えられました。

これはまず「死に筋の排除」によって、三角形（図表6-7参照）の右側部分にある、売れないのに売り場の棚を埋めている商品をなくし、さらに「単品管理」で、どれが本当の売れ筋なのかを見極めて、その結果として左上の高さを上げていこうというシナリオです。

当然、試験的に少量投入する商品がありますから、これは別枠扱いで注視

していく必要はありますが、イトーヨーカドーで扱われている商品がコモディティであるという前提で「売れ筋満載の売り場つくり」を推進するためには、とてもわかりやすい2つの標語であったといえます。

発注担当者は毎週の数字を眺めて判断をしているものですが、適切な「見える化」がなされていないために、なんとなく気づいてはいても「自信」をもった思い切った判断ができていない企業は多いものです。確信をもってアクションにつなげるために、事業規模が大きくなったときには、より秀でた競争力をつけるべくMD精度を高めるためのシステム投資は行なわれるべきものです。そして、この判断をし、MDの判断力を上げたところが他社よりも秀でた商品構成を実現し、勝ち残っていく力をもつことになります。

このように現状把握と分析（C）の上で、発注の考え方を見直し（A）ていくと、新たな次期の商品構成プラン（P）ができ上がります。

MDについてはカテゴリーの切り口や、価格帯の切り口など、いろいろな見方を加えていくことによって、その精度を上げていくことができます。数多くのアイテムを扱う企業では、PDCAサイクルを廻すたびに方法論のレベルを上げていく改善（A）の余地が無限に残されているといってよいと思います。

(2) 週次のMDのPDCA ── 「見るべきところ」を明らかに

BtoCのビジネスにおいては、週次のPDCAサイクルが極めて重要になります。半期や年度で設計したシーズンの商品展開方針（P）に対して期中には、その方針がアグレッシブ（挑戦的）であればあるほど、外的な要因も含めて、さまざまな読み違いが発生します。

そして当然のこととして、見込んでいた発注数量の読み違いが起きます。売れ筋になると見込んで大量に発注し、積み込んであったつもりでも、実際には、アパレル業界などでは、1週間もたたずにその品番のMサイズなどの中心サイズが欠品してしまった、というのはよくある話です。

期中に入ると、売れ筋が見えてきますし、その売れ筋に共通する「キーワード」が明確になってきますので、売上幅の拡大のために、さらにその「キーワード」をもつ商品の追加発注をかけることになります。

◎週次（期中）のPDCAを廻すにあたっての「管理ポイント」

「管理ポイント」の1番目としては、まず、「どの商品が、本当に力があるのか」をいかに見極めることになります。

いざ、期が始まり、仕入れ、用意した商品の販売が始まると「売れ筋はどれか」そして「その売れ筋の商品力はどのくらい強いのか」を、まず見極め、「その商品が顧客に支持されている要因はなんなのか」を知る必要があります。

しかしながら「力のある売れ筋商品」は、どうやって特定すべきなのでしょうか。単に、週によく売れた商品を順番に並べて見ればよいものなのでしょうか。

まず、誰でもわかっているようで、実はバイヤー次第で主観的に判断されたままになっているこの重要な点を明確にします。

ある週に同じ数だけよく売れた、AとBの2つの商品があったとします（図表6-9）。

商品Aはその週に100個売れましたが、店頭にあった在庫は1000個でした。そして、その週に、同様に100個売れた商品Bは店頭の在庫が200個でした。

さて、商品Aと商品B、どちらの商品の力が強いのでしょうか？

店舗数など条件によっても異なりますが、仮に100店舗あるチェーン店であり、これらの商品は全店で展開されていたとします。

商品Aは、1店舗当たりで平均すると10個ずつ在庫があることになります。現実には全店に同じ個数が投入されているわけではなく、30個納品された大型店もあれば、5個しか納品されていない売上げの小さい店もあるものです。その状態で、平均1個ずつ売れているということになります。

それに対して、商品Bは平均すると各店舗に2個ずつ商品投入されているわけですが、実際には、1個だけしか納入されていない店もあるはずです。1個

図表6-9　どちらの商品力が強い？

	週間売上個数	週初め店頭在庫	週次商品消化率
商品A	100個	1000個	10%
商品B	100個	200個	50%

だけしか商品が納入されず、もし初日にそれが売れてしまっていれば残りの5〜6日間は、その店では欠品しています。つまり、200個が100店舗の店頭で展開され、100個もの売上実績があるということは、間違いなくその週に、すでに機会損失を起こしているといえます。

商品の動きをしっかりと分析できる情報システム環境や「見える化」された帳票の設計がなされていない企業は現実にはとても多く、単純に週次の売上個数のみで「売れた」「売れなかった」を判断してしまっているバイヤーは、相当数います。

しかしながら、この例のように同じ販売数であっても、商品の力には差があるもので、この展開した商品の本当の実力を把握できなければ「顧客がどの商品を支持しているのか」がわからず、その時点で「市場との乖離」は始まっています。

さらに考えてみると、仮に週の売上個数が同じであり店頭に展開されている在庫数が同じだとしても、

・その商品が店舗投入したばかりなのか
・投入してから数週間、時間がたっているか

でも条件は大きく変わります。

また、もしこれが衣料や靴のようにサイズのバリエーションのある商品であるならば、商品投入後しばらく時間がたっているならば、売れ筋の中心サイズがすでに多くの店で欠品を起こしている可能性があり、一見、品番で店の在庫を確認したときには商品があるように見えても、実は、XSやXL、XXLなどのサイズばかりが残っていて、多くのお客様にとって、買いたくても変えない状態になっているということも多々あります。

こうして考えると、売れている商品のランキングといっても、

・最もシンプルな見方である週の売上個数（常に在庫が補充されて、ふんだんにある場合はこの数字でも問題なし）

・当週の商品の消化状況
・店頭での展開を開始した際の売上初速の角度、もしくは在庫が十分ある場合の直近の角度。あるいは店頭で欠品状態が起きるまでの週数（この週数を見る場合は、その商品の価格帯や特性によって商品消化率が何％で欠品状態とみなすのかを決める必要があります）

と大きく分けても３つの見方があります。
　我々がまず知りたいのは、多くの商品の中で「どの商品が、市場に支持される真の力があり、それはなぜなのか」です。
　最初から大量に店に陳列したコモディティ消費財については、例えばそのパッケージの目新しさや、広告などの販売促進の力で売れることがありますが、本当の実力は、その製品にリピート客の購買や口コミで広がった購買が発生するかどうかです。
　商品の特性や店頭展開の方針も踏まえた上で、適切な見方を見出すために、この例のように、いくつかの商品の強さの見方をする工夫を行なわなければ、判断を誤ることにもなりかねません。

　PDCAを精度高く廻すためには、業務の「管理ポイント」の「見える化」を、工夫して行なう必要があります。
　「見える化」のための適切なフォームをつくれば、確認（C）の精度とスピードは格段に上がります。
　通常は数字が並んだ帳票で判断をすることが多くなりますが、重要な判断のためにはグラフ化も必要になります。
　最初は少々手間がかかっても、グラフを工夫して作成し、使い勝手を改善（A）しながら運用してみた上で、プログラム化するということも考えなければなりません。
　いかによい商品を見つけ、あるいは開発しても、少量しか発注をしなければ、売上げも仕入れた分だけしか、とることはできません。ちなみに、もし実験的に商品を少量だけ展開してあたりを見るならば、なおさら、上記の３つを

しっかりと確認する必要があります。

　管理ポイントの2番目としては、今、お客様に受けている「キーワード」を探すということです。
　売れている商品が特定できたあとに、それらをつぶさに見るとそこには、何かしら共通した点があるものです。
　「今年の流行」の中には、あらかじめ予想できていたもの以外に、市場での展開が始まってからはじめて顕在化するものがあります。
　自動車の新モデル展開の際にも、例えば売れ筋のボディカラー（色）を読み外してしまうことがあります。先に例に出したトヨタ自動車のように、中間在庫も含めた製造工程内の在庫レベルを極限まで少なくする市場追随型の「ものづくり」を行なっていれば、万が一、製品企画段階の読みが外れても、容易に市場に合わせることができます。
　そういう意味でトヨタ自動車が培った体制は、どうしても図体が大きくなる製造業において「究極の市場対応追求型のものづくりの仕組み」といえますが、トヨタのような徹底した市場追随型の生産体制を有している企業は、世の中にそう多くはありません。多くの企業では、売れ筋がわかったところで、その単品の追加仕入れや、追加生産を行ないますが、すでに製造元では在庫欠品していたり、追加生産には時間がかかって市場が「旬」なタイミングを逃してしまうものです。
　売れ筋が特定できたあとに、即座にその商品を追加発注することは、商売の基本ですが、現実には、それを支える生産や調達体制がないことには、売れ筋商品の追加問題は容易なことではありません。
　BtoCビジネスにおいて、市場が「この商品は、この点がいい」と思い、購買行動につながる要因を、ここでは「キーワード」と呼びます。
　その商品が売れた理由である「キーワード」が把握できれば、単に同じ商品を追加発注して量をそろえ、別の方にも買っていただけるだけではなく、ファッションビジネスにおいては、その「キーワード」をもつ別の商品も買ってもらうことができます。

図表6-10　奥行とキーワードによる広がり

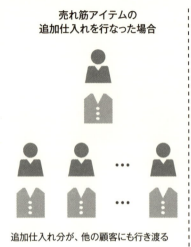

　例えば、ワンピースの売れ筋の品番がわかったとします。

　その人気商品を追加生産して、そのシーズンに間に合うように店頭に並べることができれば、売上げを確実につくることができますが、それには短い納期で納入できる国内生産品であり、しかも工場側に素早く追加生産できる体制をもっているという前提が必要になります。

　もし、そのワンピースの中で売れ筋商品から、売れ筋に共通する「キーワード」が、例えば「チェニック丈」であるということがわかればどうでしょうか。

　もしそこで「チェニック丈」の商品が売れ筋になっていることがわかれば、それがそのシーズンの「キーワード」をもつ商品ということになりますので、今から、「チェニック丈」の他の商品を仕入れたり、間に合うならば開発することもできます。

　この「キーワード」を明確にするということは、実は商売において、大変大

きな意味をもちます（図表6-10）。

　単なる同じ品番商品の追加発注であれば、まだ買っていない方にも買ってもらえるようにするわけですが、このシーズンの売れ筋「キーワード」商品は、未購入の顧客のみならず、すでにその売れ筋商品を購入した顧客にも、ワードローブ（持ち衣装）として、さらに何着も色違い、柄違い、デザイン違いの商品を買ってもらえる可能性が出てきますので、ビジネスの機会はさらに大きくなります。

　商品を市場に投入したときに、どれだけの「強さ」で売れたのかを「見える化」して把握できるシステムをもっていない企業は、瞬時に欠品した商品が、果たしてどれだけ強い力をもっていたかを知る術をもたないことになります。そして必然的に、お客さんがその商品のどの部分がよくて反応したのか、その売れた商品の「キーワード」の強さ加減に確信をもつことができないことになります。

手順2　会議体のつくり込み

　半期のシーズン、あるいは期中の週次においても、会議体の場ではドライバーである上席者が、不明瞭な部分についてWhy（なぜ？）を問いかけ、説明を求めて、次の企画（P）の精度を上げる目的で、因果を通していくことになります。

　シーズンのPDCAにおいては、前年同シーズンの振り返り（C）から、どれだけの学習が得られ、次のシーズンの企画（P）にどれだけの改善が反映されるかが確認すべきポイントになります。

　よってドライバーである上席者は、前年同シーズンに展開した商品の成功と失敗につながった因果を明確にさせ、バイヤー、商品担当者が、次のシーズンの企画（P）にどれだけ活かしているか、そしてどれだけ理に適ったチャレンジをしているかを確認することになります。

　このタイミングでは、シーズン予算の立案根拠も明確にすることになります。

　当然、予算をストレッチしてチャレンジングなものにする必要があります

図表6-11 「週次の発表フォーム」の例

		当週		シーズン累計	
		売上高	粗利高	売上高	粗利高
全店	金額				
	計画比				
既存店	前年比				
	計画比				

		当週								
		売上高					売上枚数			
		当週実績	前年比			判定	当週実績	前年比		
			前々週	前週	当週			前々週	前週	当週
価格帯	～3,999円									
	4,000円～5,999円									
	6,000円～									
袖	半袖									
	長袖									
スタイル	スタンダード									
	スリムフィット									
	カジュアル									

当週対応

が、丁寧なキャッチボールを通して、必ず理に適ったものにしていくべきものです。

　高い予算を無理やり押しつけるマネジメントでは、商品の押し込み販売のような、年度の帳尻のみを合わせ、課題をただ先送りにするための裏ワザ開発を促進するだけです。

　このPDCAを廻し始める「起動」の際は、それまでに行なっていなかったいくつかのMDの分析に着手することになります。よって、このMDのシーズンサイクルのPDCAを廻し始めるときは、「商品戦略の立案」と称してもよいくらいのパワーが必要となるでしょう。

　シーズンのMD方針づくり（P）は、ビジネスの根幹部分となる商品の戦略の立案作業となります。はじめてのときは、錆びついた大きな「はずみ車」を

	シーズン累計						増減理由、わかったこと
	売上高			売上枚数			(Finding)
判定	当週実績	前年比	判定	当週実績	前年比	判定	

回すように大変ですが、これに挑戦していけば、MDの体制は飛躍的に強いものに進化します。

また、週次のMDのPDCAの発表会（図表4-2参照）には、特に立ち上げの初期段階においては、意味合い抽出のための分析と、理に適った判断を習慣づけするために、さながら真剣勝負の場のようになります。

このPDCAの廻し方を始める前では、往々にして各商品カテゴリーの担当者は、我流の分析や判断をしているため、経営視点で理に適った判断手順になっていないことがあります。

各商品カテゴリーの担当者が、ドライバーたる上席者、そして他の商品カテゴリーの担当者が見る中で前週の結果を分析し、どういう判断をするのかを発表します。

発表用の帳票に、うまく、意味合いの抽出過程や因果が表現されていないときは、ドライバーからは、理に適ったPDCAになっているかを確認するための質問がなされます。

その場に同席している他の商品カテゴリーの担当者は、他人の発表内容や、やり取りから、それぞれ、うまい方法論、やるべきではないことなどを学習します。

手順3　発表用の資料、帳票の設計

シーズン検証（C）、そしてシーズンのMD方針（P）は、基本的には商品のROIツリーが対計画、対前年でどういう差があったのか、そして、その理由を自らのビジネスのための「ソリューションスペース」にのっとってブレークダウンし、何が起きていたのか、どこに読み違いがあったのか、何がわかったのか、そして今シーズンはどう対応するのかという、ステップを踏んで全体像を明確にしていく帳票の設計を行ないます（図表6-11）。

自社の事業に合ったMD体系がまだでき上がっていない「起動」の段階においては、シーズンの振り返りや、シーズンの方針づくりは何度かのやり直しが必要になるはずです。それは、やり方を進化させるPDCAのAととらえて、段階的にレベルを上げていけばいいものです。Pの精度を上げることは大変重要ですが、それ以上に重要なのは、まずPDCAが廻る状態を実現することです。

期中の週次の発表フォームの設計は、商品カテゴリーの担当範囲におけるアイテムの価格帯バランスなどの、重要な管理ポイントは、その属性の有意差が顕在化できるように、期中でも切り口を変更するなど、「見える化」の修正（A）を行なっていけばよいのです。

手順4　方法論の進化

MDの戦略を立案するシーズンのPDCA、そして、売れ筋を追いかけ、死に

筋への対応をリアルタイムでいかに判断するかを行なう週次のPDCA、それぞれの精度を高める進化Aは、商品開発力、品揃え力などの事業の根幹となる「商品経営」力の強化そのものの話になります。

シーズン単位の検証方法の進化

　シーズン単位の検証Cについては、毎年のごとく分析の精度の向上を上げていくことが求められます。商品のROIのツリーについても、意味合い抽出の精度を上げるために、そのツリーの中の指標の見直しAが必要になりますし、さまざまな「見える化」のための分析帳票、グラフの修正と開発Aも進めることになります。

　また、同じ品種を扱っていても、事業が拡大したりして従来とは違うチャネルでの展開を行なうようになると、その収益構造や分析体系、数字の意味合いが変化することがあります。

　例えば、アパレルの場合は、百貨店チャネルで展開した場合は、特に集客力のある百貨店での展開の場合は賃料相当部分の比率が上がるため、粗利率もある程度以上を確保する必要が出てきます。

　よって例えば、生地をいくつかの製品で共用させ、国内で素早く売れ筋の追加生産をさせて補充できる体制を背景にもつことができれば、高い収益性を保って、百貨店に来る比較的余裕のある層にはいいビジネスを展開することができます。

　ところが、これが本当の最先端のファッションを追いかけて展開するレディースファッションブランドであれば、期中の極めてうつろいやすいトレンドを見ながら先端のトレンド品を追いかけてバイイングすることが必要になるため、収益性を高めることができる自社開発のオリジナル製品の比率はある程度以上は上げることができません。例えば、ワールドが展開している「アクアガール」がこれにあたります。

　結果として、達成できる粗利率には上限が出てしまうため、比較的賃料比率の高い百貨店チャネルにおける展開は不可能になります。

　さらにこれが、ショッピングセンターでの展開を行なうファッションアパレ

ルになると、価格帯が下がりますので、国内生産の商品の展開はほぼ不可能になります。

よって、安価につくれる海外生産品を国内までもってくるための納期が制約条件になるため、通常は売れる量を読んで、大量に店頭に積み上げることになります。これは、シーズンの商品のROI構造の中に、期中、期末の値下げのための予算を組み込む考え方も、MD管理の仕方によっては必要になります。

期中の週次の発表用のフォームについて

週次のフォームについてはこの事例においても、精度の高いPDCAを廻し始めた「起動」時は、ほぼ毎週、改善（A）を行なうことになります。アイテムによっても週次の見方の重要ポイントは変わってきますので、当初2～3ヵ月は、集中的にPDCAのための発表用フォームを改善（A）する作業が続くでしょう。

この手のシステムには出来合いのパッケージもありますが、自社のPDCAの適した方法論を追求する必要がありますので、徹底したカスタマイズが必要になります。

このPDCAのAにあたる、MDの管理精度を高める進化、改善（A）は事業力の強化そのものであり、これを徹底して行ない続けたところが、どこよりも強い企業力をつけることになります。

閑話休題18

ヒトが生まれながらにしてもつ学習能力の源泉
——好奇心、言語能力、PDCA

最後の話は氷河期の時代にまでさかのぼります。

我々、ホモ・サピエンスと同時期に存在した別種の人類、ネアンデルタール人は、実は脳の容積がホモ・サピエンスよりも大きかったことがわかっています。一般的に脳の大きさはその知能と比例し、その後の発展を左右する最も大きな要素となります。しかしながら、それにもかかわらず絶滅したネアンデル

タール人に対して、現在の繁栄までに至っている我々ホモ・サピエンスには、遺伝子上の変異があったといわれています。

　この違いによって、ホモ・サピエンスは、ネアンデルタール人が行なわなかった石器の進化など、新しいことへの挑戦を行なう好奇心をもち、革新のスピードを上げました。そしてさらに言語化の能力をもつことになり、これによって厳しい氷河期においてもチームプレーによってマンモスのような大きな動物への狩猟を可能にし、そして、さらに自分たちが得てきたさまざまな貴重な知恵やノウハウを、次世代に伝承することがでるようになったといわれています。

　いかがでしょうか。

　今、こうやって我々が存在するのは、我々の祖先がその遺伝子の中に新しいことへの探究心と言語化の能力を有し、それらを使って、チームとしてのPDCA、人類としてのPDCAを廻す1歩を踏み出したからです。そして、その挑戦を継続し、革新を続けてきたからなのです。

　もし、我々が「保身」を賢い選択と錯覚して、挑戦を怠るようなことになれば、それは自ら「絶滅種」への道を選ぶことになるとはいえないでしょうか。

おわりに

　事業の創業の頃には「成功した創業者」あるいは熱心な創業メンバーは、「前シーズンの商品の、このシャツは、もっと袖ぐりを大きくすべきだった」と商品のデザインを細かく検証（C）し、次の企画方針（P）に反映させて、「こういう帳票で商品の在庫の状況をリアルタイムに管理したほうがいい」とMDの精度を上げるための改善（A）を行ない、事業の精度を高めました。

　やがて事業が順調に成長し、規模が大きくなってくると、分業を進めながら業務の精度を維持、向上させていきます。しかし現実には、組織としてPDCAが廻るように業務の組み立てをしっかり行なうことよりも、どうしても日々の売上げをつくることに一喜一憂するようになりがちです。ある規模を超えるとマネジメントの役目は、組織が自然に売上げと利益をあげ、成長できる状態づくりに専念すべきなのですが、そこに意識が向かない企業は多いものです。現実には理由のいかんにかかわらず数字がよければ安心し、思わしくなければ数字の帳尻合わせに奔走してしまう企業は多いものです。

　しかしながら、そうなってしまうと、本来、事業の成長に連れて行なわれるべき業務の進化（A）は止まり、そして、マネジメントの判断精度も当然のことのように下がっていくことになります。

　結局、これが営業、商品の主要部門を含めて全社において起きてしまい、組織としての「業務精度」が下がり、市場との乖離を起こす原因になり、企業の低迷状態を招くことにつながります。

　何から何まで、細かく経営者が見るなどということは、そもそも不可能な話です。

　社内があるべきかたちで廻っているかを社内で分業して見ていこう、そしてそのレベルを高めていこうというのが、組織で廻すPDCAの基本的な考え方です。

そして、しっかりと市場起点のPDCAを廻し、かつ精度を高めていくことによって、企業は市場志向の成長軌道入りをします。

　現実に優良企業として長期の発展、成長を実現している企業は、日々、売上げをつくろうと汗をかき続けている企業というよりは、むしろ、いかに売上げがあがり、利益が伸びる状態をつくるか、つまり自然に「売上げがあがり、儲かる状態をつくる」ことに知恵をしぼってきた企業です。

　そして、そのためにPDCAを精度高く、最も早く廻すことができ、そしてそれを継続できた企業や組織、そして国家のみが発展を続けることができるということになります。

　このPDCAが向かいあう対象はなんのかをよく考えてみると、それは、「人、性善なれど、性怠惰なり」という人間の本質部分なのです。

　PDCAが目的にそって健全に機能しているかどうかによってのみ、個人、組織、国家、そして人類が、発展、繁栄するか、あるいは凋落、滅亡に至るかが決まると言っても過言ではありません。

　かつて、下手くそな英語を振り回してでも海外市場に突進していき、「24時間戦えますか？」とCMソングにもなっていた、あのジャパニーズビジネスマンは、どこにいってしまったのだろうと、ふと思うことがあります。

　高度成長状態下にあったジャパニーズビジネスマンは、事業の成長に裏づけられた「自信」に満ちあふれていました。よくよく考えれば、この根拠の希薄な「自信」であっても、「自信」はさまざまな挑戦の実行につながり、結局、企業や個人のスキルの向上のドライバーになります。

　昨今の日本企業に見受けられる、リスク回避を先行させてしまう、いわゆる「優等生」的な経営判断が横行してしまう現状を今一度、冷静に考えるべきだと思います。成長志向よりもリスク回避を先行させる減点主義の評価は、企業の力、国力を弱めます。

　あれだけ海外市場での展開において失敗を繰り返してきたユニクロは、現在、パリのマレ地区の店でも、最も集客しているホットな店を展開するに至っています。

　国の経済を引っ張るのは、企業の経済活動です。

おわりに

写真3　ユニクロ パリ・マレ地区店（2015年9月撮影）

　そして、その企業の成長の源泉になるのが、挑戦と失敗からの学習です。
　組織としての力をつける努力、つまりPDCAを廻す力を向上させることに注力し、「自ら打席に立ちバットを思い切り振る」挑戦にひるむことがなくなる「自信」を培うことは今の日本企業の最大課題であり、これが日本経済活性化の胆になるはずです。
　PDCAを単なるテクニックの導入と唱えるのではなく、PDCAを廻すことの意義を皆が自分の言葉で語れるようになり、個人、企業だけではなく、行政も含む、目的をもって運営されているすべての組織で実践される状態になることを心から望む次第です。

【著者紹介】
稲田将人（いなだ　まさと）
早稲田大学大学院理工学研究科、および米国コロンビア大学大学院コンピューターサイエンス科修了。当時、デミング賞受賞に向けてTQCに取り組んでいた豊田自動織機製作所自動車事業部勤務の後、マッキンゼー・アンド・カンパニーを経て、その後は、卑弥呼、アオキインターナショナル（現AOKI HD）、ロック・フィールド、日本コカ・コーラなど、大手企業の代表取締役、役員、事業／営業責任者として売上Ｖ字回復、収益性強化などの企業改革を行なう。入念な戦略構築のみならず、企業が戦略を実践し、PDCAを廻して永続的に発展するための習慣づけ、企業文化づくりに取り組む。手掛けた事例は、ワールドにおける低迷していた大型ブランドの活性化による再成長軌道入れなど多数。現在は、RE-Engineering Partnersを設立し、企業改革のディレクターとして、事業の立て直し、企業の再成長軌道入れプロジェクトを請け負う。豊田自動織機製作所では、自動車工場の生産指示のためのALC（Assembly Line Control）システムの初期段階の開発、立上げに携わる。著書に『戦略参謀』『経営参謀』（ともにダイヤモンド社）がある。

PDCA プロフェッショナル
トヨタの現場×マッキンゼーの企画＝最強の実践力

2016年2月11日発行

著　者────稲田将人
発行者────山縣裕一郎
発行所────東洋経済新報社
　　　　　　〒103-8345　東京都中央区日本橋本石町1-2-1
　　　　　　電話＝東洋経済コールセンター　03(5605)7021
　　　　　　http://www.toyokeizai.net/

装　丁…………遠藤陽一（ワークショップジン）
ＤＴＰ…………アイランドコレクション
印刷・製本……丸井工文社
©2016 Inada Masato　　Printed in Japan　　ISBN 978-4-492-53375-8

本書のコピー、スキャン、デジタル化等の無断複製は、著作権法上での例外である私的利用を除き禁じられています。本書を代行業者等の第三者に依頼してコピー、スキャンやデジタル化することは、たとえ個人や家庭内での利用であっても一切認められておりません。

落丁・乱丁本はお取替えいたします。